# WEIN
# FRAUEN

Rolf Klein  |  Armin Faber

# WEIN FRAUEN

## Die besten Winzerinnen Europas und ihre Weine

Idee, Konzeption & Realisation
Ria Lottermoser-Fetzer

AT VERLAG

# INHALT

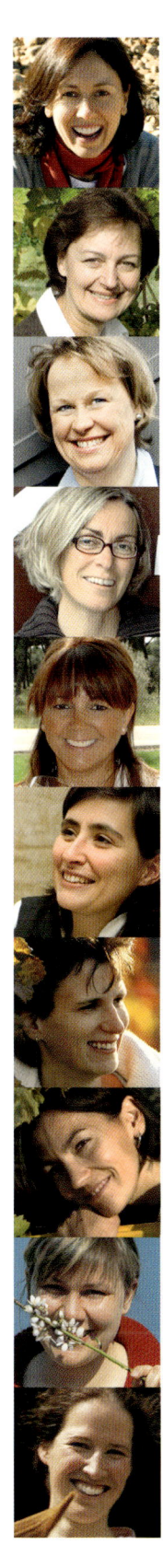

# WEIN IST (AUCH) FRAUENSACHE

Ein Buch über Weinfrauen? Wer oder was sind Weinfrauen? So mancher Leser, manche Leserin mag sich diese Frage beim Lesen des Titels dieses Buches stellen.

Viele Jahre lang habe ich als Verlagslektorin auch Weinbücher betreut, Weinbücher ganz verschiedenen Genres. Jedes für sich hat mich zwar fasziniert, hat aber immer auch den Wunsch in mir geweckt, mehr über die Weinmacher und -macherinnen zu erfahren. Ich wollte immer mehr wissen über die Menschen hinter den Weinen, über Menschen, deren Anliegen es ist, ja sein muss, andere mit ihren Weinen zu verführen.

Und damit war die Idee zu diesem Buch geboren, einem Werk, das den Siegeszug der europäischen Winzerinnen feiert. Ob in Deutschland, in Österreich, in der Schweiz, in Frankreich, in Italien, Spanien oder Portugal – in allen europäischen Ländern haben heute in vielen Winzerfamilien und auf vielen Weingütern die Frauen das Sagen. Sie widmen sich dem Thema mit einer Fachkompetenz, die überzeugt, und erweisen sich so als ausgezeichnete Önologinnen und Weinmacherinnen.

Dank Pionierinnen wie Zelma Long, Helen Turley und Jenny Dobson in der Neuen Welt haben es auch viele Frauen in den europäischen Weinregionen in den letzten zwanzig Jahren geschafft, sich die Anerkennung und die Achtung der männlichen Konkurrenz und dazu der gesamten Fachwelt und Weinkritik zu sichern. Sie machen keine Weine, die dem Massengeschmack oder Zeitgeist entsprechen. Sie machen Weine nach ihrem Geschmack, gemäß ihrem Temperament und Charakter. Sie greifen einerseits auf die Weinphilosophie ihrer Großeltern zurück und arbeiten andererseits mit neuester Technologie. Sie verlassen sich selbstbewusst auf eigene Tugenden, fern jeglicher Imita-

tion, und setzen auf Charakter und Eigenart der Weine. Das Regionale, die Tradition und Geschichte inspirieren ihre quirlige Kreativität.

Ob Frauen per se die bessere Nase haben, diese Entscheidung möchte ich anderen überlassen. Dass sie aber als Frauen, wie Psychologen sagen, mehr Aufmerksamkeit dem einzelnen Detail schenken, dass sie jedes einzelne Element analysieren, um letztlich die angestrebte Harmonie im Ganzen zu erreichen, lässt sich auf die Arbeit der Frauen im Weinberg und im Weinkeller übertragen. Ihr Anliegen – wie im Übrigen das ihrer männlichen Kollegen auch – ist es, das Unverwechselbare ihrer Region, das Besondere ihres Terroirs und das Einzigartige ihrer Lagen zum Ausdruck zu bringen.

Zwei Jahre lang habe ich für dieses Buch recherchiert und mich auf die Suche gemacht nach den besten Weinmacherinnen in Europa. Nicht alle Frauen, die ich auf meiner Reise durch die europäischen Weinregionen kennengelernt habe, konnten in dieses Buch Aufnahme finden. Somit bleibt die Auswahl letztlich subjektiv – wie sollte es auch anders sein? Dabei war es mir allerdings wichtig, insbesondere diejenigen einzubeziehen, die in den einzelnen Ländern zu Wegbereiterinnen für die vielen jungen Önologinnen geworden sind, die heute großes Ansehen genießen.

Denn dank ihnen sind die europäischen Weinmacherinnen auch zu Botschafterinnen geworden – zu Botschafterinnen für den Wein, der in erster Linie Vergnügen und Lust machen soll.

Ihnen sei dieses Buch gewidmet.
*Ria Lottermoser-Fetzer*

# JUDITH BECK

## WEINGUT BECK, ÖSTERREICH

### *Wein ist Ausdruck der Persönlichkeit*

JUDITH BECK AUS GOLS VERKÖRPERT DAS MODERNE ÖSTERREICH:
WELTERFAHREN, KECK, AMBITIONIERT. SIE LEITET EIN TOPMODERNES WEINGUT –
UND SCHÄTZT TRADITIONELLE ROTWEINSORTEN,
DIE IN IHREM KELLER IHR BESTES GEBEN DÜRFEN.

Futuristisch mutet das neue Weingut an. Der flache Bau mit seiner großen Verglasung fällt auf. Noch keine fünf Jahre steht er da, von Reben umgeben. So sieht heute das Domizil einer seit Generationen tätigen Winzerfamilie aus, und hier wird moderner Wein gemacht. Judith Beck ist wichtiger Teil des Ganzen. Mit ihren modisch kurzen Haaren und ihrer offenen, zugleich aber diszipliniert-ernsten Art wirkt die Winzerin zielbewusst und entschlossen. Sie hat sich von Anfang an ehrgeizige Ziele gesetzt – und schon erstaunlich viel erreicht.

Wein machen ist körperliche Arbeit, auch im Keller. Judith Beck tut dies mit viel Elan. Ihr Vater Matthias, der aussieht wie ein sympathischer Lehrer im Ruhestand, kümmert sich um die Weingärten; die lagen ihm schon immer am Herzen. Als seine Tochter die Verantwortung für die Weine übernahm, war der Generationenwechsel unproblematisch, der Übergang fließend. Vielleicht sogar zu einfach, meint Judith manchmal. Damals war sie Anfang zwanzig, hatte ihre Ausbildung in Klosterneuburg abgeschlossen und diverse Praktika bei namhaften Weingütern im Ausland absolviert. Die internationale Erfahrung trug dazu bei, dass Judith genau wusste, was sie wollte. Das Château Cos d'Estournel in Saint-Estèphe, das Weingut Braida (di Giacomo Bologna) im Piemont und der renommierte Familienbetrieb Errazuriz in Chile sind für jeden Önologen und Weinmacher allerbeste Referenzen.

Ihr erster eigenverantwortlich vinifizierter Jahrgang war der schwierige 2001er, nachdem sie den 2000er schon per Telefon vom Ausland aus mitgestaltet hatte. Da war sie einundzwanzig. Zum Glück liebt Judith Beck die Herausforderung, das Risiko. Man müsse nicht alles beherrschen wollen, sagt sie. Die Cuvée Judith gibt es seit 2000, sie wird nur in guten Jahren gemacht und fiel bei-

spielsweise im Jahrgang 2005 aus. Dafür wurde die 2004er Cuvée Judith von einer Zeitschrift zur besten Rotweincuvée Österreichs ernannt. Vielleicht der beste »Fingerabdruck« der Winzerin, eine dichte, samtige Assemblage aus Zweigelt, Blaufränkisch und St. Laurent, im Barrique ausgebaut. Ein Hauch Internationalität besitzt die Cuvée Heideboden mit ihrem Cabernetanteil.

Die Vorliebe der Winzerin gilt eindeutig den traditionellen Sorten Zweigelt, St. Laurent, Blaufränkisch, auch Weißburgunder und Chardonnay. Der St. Laurent ist einer ihrer Favoriten, sie hat ihn in ihrer Ägide ins Portfolio des Familienweinguts aufgenommen. Judith Beck schätzt seine kraftvolle Säure- und Tanninstruktur. Die Winzerin baut ihre Rotweine ausschließlich in großen Holzfässern aus, nicht im Edelstahltank, der ist ihr zu luftdicht und steril. Auch der Besitzer von Cos d'Estournel, der viel in Asien unterwegs war, hat ja seinerzeit festgestellt, dass die Weine, die auf seinem Schiff nach Indien und zurück gereist waren, besser schmeckten als die aus seinem Châteaukeller: Eine gewisse Oxidation muss sein, sie rundet die Weine ab. Diese brauchen freilich die nötige Statur.

Das A und O sind die Trauben. Judith Beck legt größten Wert auf die Selektion (seit 2005 auf einem Vibrationstisch), die schon bei der Lese beginnt. Nur vollkommen gesundes Lesegut darf in die Kelter. Die Becks wirtschaften naturnah. Ihre besten Lagen liegen auf der Parndorfer Platte (Sand, Ton und Kiesel sowie Löss) und am Wagram, einem Hang, der sich ausgezeichnet zum Anbau von Rotweinreben eignet.

Judith Beck war immer eine der Jüngsten, auch bei der Vereinigung »Elf Frauen und ihre Weine«. »Pannobile« heißen eine andere – 1994 gegründete – Winzergruppierung und ein Leitwein des Burgenlands aus typischen weißen und roten Sorten der Region. Der Pannobile von Beck gehört regelmäßig zu den besten.

Judith Beck versteht sich mit ihrem Vater (und mit Mutter Christl) bestens, sie hat ihn immer gerne um Rat gefragt (und er ließ sich von ihr gerne überzeugen). Doch sie sind beide auch Einzelgänger, er im Weinberg, sie im Keller. Der Höhepunkt des Jahres 2007 war für Judith Beck die Geburt ihrer Tochter Paula Rosina. Einer zukünftigen Femme fatale im Bereich des Weins? Darin ist sich die Winzerin schon heute sicher.

Gute Aussichten für die Zukunft: Judith Beck hat die 2005er Lese im neu errichteten Weingutsgebäude verarbeitet.

**DAS WEINGUT IN ZAHLEN**

**WEINGUT BECK**
Untere Hauptstraße 108
A-7122 Gols
Tel. +43-2173-2755
Fax +43-2173-27554
www.weingut-beck.at

**REBFLÄCHE**
13 Hektar

**REBSORTEN**
Blaufränkisch, Zweigelt, St. Laurent, Pinot Noir, Chardonnay, Weißburgunder, Neuburger, Welschriesling, Sauvignon Blanc

### PANNOBILE ROT

Brombeeren und andere dunkle
Waldbeeren geben sich beim
Pannobile ein Stelldichein,
mineralische Finesse sorgt für
Eleganz, das Barrique für
Schokoladenoten und die Struktur.
Alles wirkt stimmig und
leichtfüßig.

### BLAUFRÄNKISCH

Der Blaufränkisch ist ein klassischer
Burgenländer und wird von Judith
Beck hauptsächlich in Edelstahl und
im großen Holzfass ausgebaut.
Das Barrique kommt kaum zum
Einsatz, und wenn, dann nur
gebraucht. Somit kann der Blaufränkisch seine üppigen Brombeer-
und Waldbeerenaromen voll entfalten, zeigt Würze und zartbittere
Noten im Abgang.

### ST. LAURENT SCHAFLEITEN

Burgunderbeerig mit Noten von
Waldfrüchten und Gewürzen,
tief und voll, zeigt aber schon
Eleganz und Spiel, sehr feine
Struktur, ein Wein mit Potenzial.

Zweigelt, Blaufränkisch,
St. Laurent

Blaufränkisch

St. Laurent

# VICTORIA BENAVIDES

## BODEGAS ELIAS MORA, SPANIEN

### *Ein perfekter Wein ist nicht immer der beste*

SIE WAR DIE »ROTE VICTORIA« IM ERFOLGREICHEN WINZERINNENGESPANN, DAS UNTER DEM NAMEN DOS VICTORIAS SPANISCHE WEINGESCHICHTE GESCHRIEBEN HAT. WÄHREND VICTORIA PARIENTE IN ZUKUNFT UNTER EIGENER REGIE IN DER RUEDA WEISSWEINE PRODUZIEREN WIRD, FÜHRT VICTORIA BENAVIDES DIE VON IHNEN GEMEINSAM ERRICHTETE BODEGA IN DER REGION TORO WEITER. DIE WEINE BEHALTEN IHRE HANDSCHRIFT.

Irgendwann fängst du mit dem Wein an. Auch bei Victoria »Vicky« Benavides ist das so gewesen, lange bevor sie sich träumen ließ, dass sie einst eine berühmte, preisgekrönte Winzerin sein würde. Noch nie hatte es vor ihr ein Weingut im Besitz zweier Frauen gegeben, geschweige denn zwei so erfolgreiche. Es war ihr Urgroßvater, ein Winzer, der ihr Bücher über Wein vererbte und Notizen, wie man die schreckliche Reblaus bekämpfen könne. Es war damals eine große, weltweite Katastrophe. Wer erinnert sich heute noch daran?

Victoria Benavides hat später eine solide Ausbildung gemacht, Agraringenieur-Diplom in Madrid und Önologiestudium in Bordeaux, Sensorikausbildung in Grenoble. Ende der 1980er Jahre trat sie in den öffentlichen Dienst ein als Önologin in einem Weinlabor der Region Castilla-León. Dort wurden Proben analysiert, neue Methoden getestet und vor allem viel Bürokratisches erledigt. Nach einigen Jahren eröffnete sich der Beamtin die Möglichkeit, die Leitung der Lebensmittel-Qualitätskontrolle zu übernehmen. Eine sichere, bequeme Karriere mit geregelten Arbeitszeiten.

Wenn da nicht 1997 der Vater ihrer Kollegin und Freundin Victoria Pariente gestorben wäre. Der hatte ein paar Hektar Reben in der Region Rueda besessen, wo er Verdejoweine kelterte. Das Land erbte seine Tochter, ebenfalls Önologin. Mit der hatte Victoria Benavides schon oft darüber gesprochen, wie man statt der altmodischen Weißweine, wie sie in der Rueda üblich waren, moderne, frische Tropfen keltern könnte. Nun war die Idee geboren: zusammen einen richtig guten Wein keltern. Der Entschluss wurde gefasst. Beide Victorias gaben ihre Arbeit auf und stürzten sich in den Winzerinnenberuf.

Im Weingut, das Victoria Benavides und Victoria Pariente nach ihrem ersten Erfolg gemeinsam errichten ließen, werden 16 Hektar bewirtschaftet; ein größerer Teil der Trauben stammt von kleinen Vertragserzeugern. Toro ist wie Rueda eine jener jungen, dynamischen Appellationen, an denen Spanien so reich ist. Die neue Bodega in Toro, zwischen Valladolid und Zamora in San Román de Hornija (der Hornija ist ein Zufluss des Duero) gelegen, wirkt genauso dynamisch – um nicht zu sagen schmucklos und ohne eine Spur Kellerromantik. Von weitem könnte sie ein Lagerbetrieb sein. Aber das ist modernes Spanien.

Die beiden Victorias wollten den bestmöglichen Wein machen und haben das Ambiente dafür geschaffen: hell und geräumig das Barriquelager, blitzend die Tanks. Allzu leicht vermutet der Betrachter, hier werde im typischen Stil der internationalen Weinmacher gearbeitet. Das ist allerdings nicht die Philosophie, erklärt Victoria Benavides: »Ich glaube weder an fliegende Weinmacher noch an die Globalisierung. Ich habe viel studiert, aber am Ende sind die Erfahrung und die Tradition, die man in unseren Anbaugebieten findet, das Entscheidende.« Gerade die besonderen Eigenschaften der lokalen Weine und Rebsorten findet die Winzerin faszinierend und erklärt das so: »Verdejo und Tinta de Toro werden hier seit den Römern angebaut. Dieses Potenzial möchte ich aller Welt zeigen.«

Gerne erklärt Victoria Benavides die Anlage der Bodega in Toro. Auf der einen Seite sollen die Trauben hinein, auf der anderen soll der fertige Wein herauskommen. So ganz ernst meint das die Weinmacherin natürlich nicht, schließlich kommt es vor allem darauf an, was dazwischen liegt, und da kennt sie sich nun wirklich aus. Die Elias-Mora-Weine, benannt nach dem mit den Victorias befreundeten Vorbesitzer des

Die vor knapp zehn Jahren erbaute, moderne Bodega bietet optimale Voraussetzungen für das Vorhaben, in der Appellation Toro Premiumweine zu erzeugen. Es werden ausschließlich Trauben der Sorte Tinta de Toro verarbeitet. Victoria Benavides behandelt die Trauben mit großer Sorgfalt. Ihr Ziel: einen Wein machen, den man nicht vergisst.

## DAS WEINGUT IN ZAHLEN

### BODEGAS ELIAS MORA
Juan Mora s/n
E-47530 San Román de Hornija
Tel. +34-983-784029
Fax +34-983-784029
www.bodegaseliasmora.com

### REBFLÄCHE
16 Hektar

### REBSORTEN
Tinta de Toro (Tempranillo)

Weinbergs, reinsortige Tempranillos aus teilweise über 70-jährigen Stöcken, werden auf moderne Weise im Barrique (amerikanische und französische Eiche) ausgebaut. Bei aller Tiefe und Saftigkeit sind es Europäer mit Struktur.

Alles beginnt bei der Traube. Victoria Benavides weiß, dass die Arbeit im Weinberg den Grundstein für die spätere Qualität legt. Dazu ist viel Sorgfalt nötig, eine liebevolle Beobachtung und Sensibilität, die vielleicht gerade Frauen von Natur aus besitzen. Sie ist sich sicher: »Die Reben sagen uns, was wann zu tun ist, man muss nur auf ihre Signale achten.« Chemische Behandlungen sind auf ein Minimum reduziert. Da das Klima in den beiden Anbaugebieten kontinental ist, sind die Sommer warm und trocken. Der Verdejo wird in der Regel vor den herbstlichen Niederschlägen gelesen. Das ist gut für die Qualität der Trauben.

Victoria Benavides ist fraglos eine qualifizierte Fachfrau, aber gibt es nicht auch ein feminines Element in ihrer Arbeit? Sie sagt: »Ein perfekter Wein ist nicht immer der beste Wein. Es muss eine Eigenschaft hinzukommen, die man als Charme beschreiben kann.« Dafür gebe es keine chemische Analyse, erklärt Victoria, und sie empfiehlt ein einfaches Testverfahren, das wahrscheinlich auch auf Männer angewendet werden kann: »Einen perfekten Mann vergisst man irgendwann. Einen mit Charme dagegen nie.« Für Victoria ist Wein Kommunikation. Wer ihn genieße, gehe eine Verbindung ein: »Und wenn es bei jemandem funkt, der den Wein kostet, dann macht dich das unheimlich stolz auf all die Sorgfalt und Mühe, die du die ganze Zeit investiert hast.«

Schon bevor Victoria Pariente beschloss, in ihrer Heimat ein eigenes Weingut aufzubauen, hatten sich die beiden Winzerinnen die Arbeit aufgeteilt. Am Anfang haben sie alles zusammen gemacht, erinnert sich Victoria Benavides und lacht: »Zusammen Wein machen, das ist wie eine Ehe. Da gibt es auch Streit.«

Auf dem Spiel stand von Anfang an nicht wenig. Victoria Benavides erinnert sich: »Wir wussten immer, dass ein Scheitern für uns mehr als eine Katastrophe gewesen wäre, eben weil wir Frauen sind. Da schauten uns die männlichen Kollegen besonders genau auf die Finger.«

**ELIAS MORA DO TORO**

*Den Elias Mora gibt es in drei Qualitätsstufen: Roble, Crianza und – nur in guten Jahrgängen und in kleiner Auflage – den Gran Elias Mora. Stets jedoch sind die Weine aus 100 Prozent Tinta de Toro (Tempranillo) und werden im Barrique ausgebaut: die Crianza in amerikanischer Eiche, der Gran Elias Mora aber in französischen Fässern, und zwar 17 Monate. Die Reben, aus deren Trauben der 2004 Gran Mora gekeltert wurde, sind über 50 Jahre alt. Die Parzelle Senda de los lobos (»Wolfspfad«) ist eine der besten der Region. Ein tiefgründiger, jedoch niemals schwerer Tempranillo mit sehr gut eingebundenen Kaffee- und Röstnoten zu schwarzen Beeren sowie ausgezeichneter Balance und feiner, eleganter Länge.*

Tempranillo

# CHRISTINE BERNHARD

## WEINGUT JANSON-BERNHARD, DEUTSCHLAND

*»Die Schöpfung in meiner Umgebung bewahren«*

VIELE JAHRE WAR CHRISTINE BERNHARD DIE FRONTFRAU VON »ECOVIN«, DES BUNDESVERBANDES ÖKOLOGISCHER WEINBAU. SOWOHL IHREM KÖNNEN ALS AUCH IHREM ÜBERZEUGENDEN UND SYMPATHISCHEN AUFTRETEN IST ES ZU VERDANKEN, DASS DER ÖKOWEIN HEUTE LÄNGST AUS DER ECKE DER NISCHENPRODUKTION HERAUSGETRETEN IST.

Das Zellertal liegt westlich von Worms und wird vom Rheinzufluss Pfrimm gebildet. Auf den Hügeln siedelten Kelten und Römer, es gibt Gräberfunde – auch im Park des Weinguts Janson-Bernhard – und, in Sichtweite, ein keltisches Monument, der Wodanstein bei Zell. Das Tal verläuft von West nach Ost, dadurch gibt es ausgesprochene Südlagen – ein Abbild des Rheingaus en miniature, nur abgeschiedener. »Grenzgebiet«, sagt die Winzerin und lacht, denn im Zellertal verläuft die Grenze zwischen den Anbaugebieten Pfalz und Rheinhessen. Christine Bernhard ist Pfälzerin. Aber wie die benachbarten Winzer fühlt sie sich in erster Linie als Zellertalerin.

Als sich Abraham Janson, ein holländischer Mennonit, auf der Flucht vor religiöser Verfolgung im Jahr 1739 in Harxheim niederließ, musste er sein Haus am Ortsrand bauen. Für Christine Bernhard heute ein unschätzbarer Vorteil. Denn nur so war es möglich, dass der Urgroßvater Ende des 19. Jahrhunderts einen weitläufigen Park anlegen konnte, in dem viele exotische Bäume wachsen, darunter neben Gingko- und Mammutbäumen auch ein Japanischer Schnurrbaum. Wer seinerzeit einen solchen Garten besaß, galt als wohlhabend und weltläufig. Wann immer Christine Bernhard etwas Zeit hat, ist sie in diesem Garten anzutreffen.

Christine Bernhard (der Name Bernhard ist zurückzuführen auf einen Vorfahr, der 1918 in die Familie einheiratete) übernahm 1993 das elterliche Anwesen, dessen Rebfläche zwischenzeitig verpachtet gewesen war. Anfangs betrieb sie die Weinmacherei neben ihrem Beruf als Umweltingenieurin.

Wie eine Rebe ist das Gut über die Jahre langsam und organisch gewachsen, von 1,5 auf neun Hektar. Viel größer soll es gar nicht werden, findet Christine Bernhard. Mit ihrer Schwester

Alice, die als Architektin in Bayern lebt und die für die Renovierung des Anwesens sowie die Finanzen und Investitionen verantwortlich ist, leitet Christine Bernhard das Weingut. Ihr Part ist der Wein, vom Weinberg über den Keller bis zur Flasche. Und nicht nur das. Sie kümmert sich auch um ein ausgefeiltes Veranstaltungsprogramm, bei dem sich etwa eine Tomatenverkostung als Kult etabliert hat. Am liebsten hat sie Gäste, die sich begeistern lassen und mit Genuss zu feiern verstehen.

»Wein ist meine Freude, mein Beruf«, erklärt Christine Bernhard. Diese Freude steckt an, teilt sich mit. 1993 hat sie auf ökologische Bewirtschaftung umgestellt und war von 1995 bis 2003 Vorsitzende von »Ecovin«, des Bundesverbandes Ökologischer Weinbau, in dessen Vorstand sie 2008 gewählt wurde. »Die Nachfrage nach Bioprodukten ist zwischenzeitlich so gewachsen, dass wir gar nicht allem Genüge tun können«, stellt sie zufrieden fest. »Eine kleine Gruppe Weinliebhaber fragt heute ganz bewusst nach deutschen Bioweinen, und das ist unsere Chance in den nächsten Jahren«, sagt die Winzerin. Schon im Sommer ist der Bioriesling in der Literflasche längst ausverkauft. Biologisch-dynamisch, also nach den von Rudolf Steiner begründeten Regeln, wirtschaftet Christine Bernhard neuerdings auch. Denn gerade die Vernetztheit der Natur ist es, die sie fasziniert.

Christine Bernhard bewahrt ihre kleine und doch so großartige Schöpfung sorgfältig. In ihrem Lowtech-Keller gibt es keine Klimaanlagen, hier sorgen ausschließlich natürliche Temperaturen dafür, dass ihre Weine gelingen: die Cuvée aus Gewürztraminer und Riesling etwa, die ein wunderbar harmonisches Ganzes ergibt, so dass man die beiden Rebsorten sensorisch schwer zu trennen vermag. Oder die trockene Grauburgunder-Spätlese, die mit kraftvoller Säure und großer Frische Kontur zeigt. Diese Tropfen gewinnen im Glas an Komplexität – so wie die Natur ja im Grunde ein hochkomplexes System ist. Wer dieses System so begreift wie Christine Bernhard, ist anderen weit voraus.

Das denkmalgeschützte, großzügige Gutshaus und seine üppig blühende Blumen- und Kräuterpracht sind ein stimmungsvoller Augenschmaus. In ihrem Keller arbeitet Christine Bernhard mit einfachen Mitteln, wie hier beim manuellen Untertauchen des Tresterhutes bei mazierenden Rotweintrauben im offenen Bottich.

## DAS WEINGUT IN ZAHLEN

---

### WEINGUT JANSON-BERNHARD
Hauptstraße 5
D-67308 Zellertal-Harxheim
Tel. +49-6355-1781
Fax +49-6355-3725
www.jansonbernhard.de

### REBFLÄCHE
9 Hektar

### REBSORTEN
Riesling, Silvaner, Weißburgunder, Grauburgunder, Gewürztraminer, Morio-Muskat, Auxerrois, Portugieser, Spätburgunder

**ZELLER SCHWARZER HERRGOTT**
**RIESLING GEWÜRZTRAMINER**
**KABINETT TROCKEN**

**ZELLERTAL RIESLING**
**KABINETT TROCKEN**

**ASSELHEIMER HÖLLENPFAD**
**PORTUGIESER QBA TROCKEN**

---

*Diese Zusammenstellung ist gewiss alltäglich. Aber im Zellertal hat der Gewürztraminer Tradition, der Mischsatz auch. Die beiden Sorten sind ein Mischsatz, das heißt, sie wachsen gemeinsam im Weinberg und werden zusammen gekeltert. »Die Mischung gibt die Natur vor«, sagt Christine Bernhard, die die besten Gewürztraminer-Rebstöcke dafür selektiert hat. Wohl deshalb ist dieser Wein so ungewöhnlich, denn man kann die Sorten sensorisch kaum auseinanderhalten. Das Traminernaturell wird nur angedeutet. Apfelfrisch mit knackiger Säure (wie alle Weine von Christine Bernhard), handfest saftig und gewachsen wirkend, offenbart er im Glas erst nach einer Weile seine Struktur.*

*Der Gutsriesling ist ein Typ, der klare Sortentypizität zeigt, die pfälzisch-kräftig, aber auch schwungvoll und frisch ist. Zu den Aromen von grünem Apfel treten Zitrusnoten und pflanzliche Nuancen, Stehvermögen und Stabilität. Solch einen Wein bezeichnet mancher Liebhaber als ehrlich – und das ist ein Kompliment, denn er überzeugt ohne Effekthascherei.*

*Der oft als Massenträger beurteilte Portugieser ist eine sehr alte Rebsorte, deren Ursprünge ungeklärt sind (sie liegen sicher nicht in Portugal, wo die Sorte unbekannt ist). Aus der im Zellertal typischen Sorte keltert Christine Bernhard fruchtige, dichte, seidige Weine, wie ihr Asselheimer Höllenpfad beweist: schöne Noten von Schwarzkirschen und frischen Pflaumen, lebendige Säure. Ausbau im Holzfass.*

Riesling, Gewürztraminer

Riesling

Portugieser

# ROY BLANKENHORN

WEINGUT BLANKENHORN, DEUTSCHLAND

*An mehr als nur das eigene Weingut denken*

ROY BLANKENHORN IST EINE DER VORZEIGEWINZERINNEN IN DEUTSCHLAND. SEIT VIELEN JAHREN MACHT SICH DIE BADENERIN FÜR DIE WEINFRAUEN STARK. OBWOHL SIE SICH GERNE BURSCHIKOS GIBT, PRÄSENTIEREN SICH IHRE WEINE ELEGANT UND SPIELERISCH, FAST ZART. MANCHER WÜRDE SAGEN: FEMININ.

Roy Blankenhorn aus Schliengen im Markgräflerland im Anbaugebiet Baden heißt eigentlich Rose-marie, aber jeder nennt sie Roy. Zu ihrer unkomplizierten Art passt der Name Roy auch gut (so hatte sie sich schon als Zweijährige selbst genannt). Sie hat einen festen Händedruck und ihr Blick ist wach, konzentriert. Man kommt mit der Winzerin leicht ins Gespräch.

Humor hat sie, ihre herzerfrischende Offenheit verletzt nie. Sie selbst sagt über sich lachend: »Ich bin halt etwas burschikos ausgefallen.« Sie habe als dritte von vier Töchtern schon immer die Rolle des Buben gespielt. Und zwar klassisch: immer im Wald, am Bach, auf den Bäumen. Nach der Winzerlehre in den Weingütern Bercher (Kaiserstuhl) und Schlumberger (Laufen) und der Ausbildung in Veitshöchheim, der vier Jahre Arbeit bei der badischen Weinwerbung folgten, war klar, dass sie den Betrieb der Eltern übernehmen würde (1993). Das Weingut ist in der stattlichen, 1624 erbauten ehemaligen Thurn- und Taxischen Poststation untergebracht, die 1857 vom Urur-großvater Johann Friedrich Blankenhorn gekauft wurde. Das Gebäude am Hohlebach steht unter Denkmalschutz und beherbergt auch einen gemütlichen Gutsausschank, den die Winzerin selbst führt – gelegentlich hat sie dort am Abend »Dienst«. Wenn es nach ihr geht, wird daraus bald eine kulinarische Topadresse für ambitionierte Feinschmecker – schließlich ist die Lage im Dreiländereck zwischen Deutschland, Frankreich und der Schweiz ideal.

Im verwinkelten Keller ist es freilich etwas eng geworden. Zu den 21 Hektar Rebland im Eigen-besitz kommen vier hinzugepachtete Hektar. »Denkmalschutz und Landwirtschaft zusammenzu-bringen, ist eigentlich Wahnsinn«, meint Roy Blankenhorn kopfschüttelnd. Aber Tradition ist wich-tig. Die Blankenhorns sind eine uralte Familie, die aus dem württembergischen Zabergäu stammt.

Ein Verwandter, Adolf Blankenhorn, Professor in Karlsruhe, war nicht nur der Begründer des Deutschen Weinbauvereins und dessen erster Präsident (später wurde daraus der Deutsche Weinbauverband), sondern erforschte in seinem zur Versuchsstation umfunktionierten Weingut am Kaiserstuhl – heute Staatsweingut – auch den Nutzen der reblausresistenten amerikanischen Reben, die seitdem bekanntlich überall als Unterlagen verwendet werden müssen. Weinfreunde haben der Familie also viel zu danken! Roy Blankenhorns Vater Klaus Blankenhorn war 1973 der erste Winzer im Markgräflerland, der die Weinberge begrünte.

Über den eigenen Kellerrand hat Roy Blankenhorn schon immer geschaut und dabei, sie weiß es, manchem auf die Füße getreten. »Mir ist es wichtig, an mehr als das eigene Weingut zu denken«, sagt das VDP-Mitglied. Dem Verband der Prädikatsweingüter gehören übrigens nur 15 Betriebe in Baden an, und das Weingut Roy Blankenhorn ist das am weitesten im Süden gelegene Mitglied. Die Erzeuger im Markgräflerland, erklärt die ehemalige Badische Weinkönigin, die auch im Vorstand des Deutschen Weinbauverbands tätig ist und vier Jahre lang die Vereinigung »Vinissima« leitete, führen im Vergleich zu den Kaiserstühlern ein Schattendasein. Wenn es um die Großen Gewächse geht, sind ihr Kompromisse ein Gräuel: »Wir kämpfen für gute Weine.« Für sie heißt das: naturnah wirtschaften, weitgehend auf Chemie verzichten. Ihre Weine hat sie gerne freundlich, zart, nicht »extrem«. Die Mutter dreier Töchter – das Weibliche scheint in der Familie zu liegen – empfindet durchaus auch Mütterliches für ihre Weine, die sie mit ihrem Kellermeister Frank Schmid verantwortet. Und diese Weine haben tatsächlich eine Art mädchenhaften Charme, eine Leichtigkeit, die niemals belastet. Sie sind alles andere als burschikos oder derb-rustikal. Man ahnt: Auch dies ist eine Seite der selbstbewusst auftretenden Frau. Natürlich spielt der Gutedel die Hauptrolle, die typische Sorte des Markgräflerlandes, nach dem ihre Internetseite benannt ist. Sie baut ihn mit biologischem Säureabbau aus, weil er so besser zum Essen passt. Aber auch der Spätburgunder ist wichtig. Stolz ist sie auf ihren Cabernet Sauvignon (die Reben wurden noch vom Vater Klaus gesetzt) und ihren Sauvignon Blanc, eine ganz junge Anlage.

Das historische Weingut mitten in Schliengen war einst eine Poststation. Es steht unter Denkmalschutz. Im Krieg durch einen Bombenangriff zerstört, musste es von Roy Blankenhorns Vater Klaus Blankenhorn wieder aufgebaut werden – damals ein Wagnis.

Ihre Rolle im Betrieb sieht sie mehr als Mutter denn als Chefin; sie weiß, dass ihre Mitarbeiter oft mehr Zeit im Weingut als mit ihren Familien verbringen. Schließlich ist sie auch Familienmensch, obwohl sie das Weingut allein führt. Ihr Mann ist Kinderarzt (Roy Blankenhorns Mutter hatte einst gemeint: lieber ein Arzt als einer von der Mosel). Zusammen haben sie mal – noch vor der Ehe – ein altes Horex-Motorrad restauriert. Seitdem wisse sie, dass sie beide besser nicht zusammenarbeiten sollten. Die Bedingung ihres Mannes – nicht im Weingut wohnen – hat sie gerne erfüllt. »Ohne seine Unterstützung, auch ohne seine Kritik, hätte ich das alles nicht geschafft.« Ein Weingut, drei inzwischen erwachsene Töchter, Politik und die Haflingerstute Afra – Roy Blankenhorn ist eine begeisterte Reiterin –, das klingt nach einem erfüllten und ausgelasteten Dasein. Aber Platz für Neugier ist immer noch.

Seit November 2007 ist Roy Blankenhorn Weinakademikerin der namhaften Akademie Rust. Den internationalen Lehrstoff und die drei Jahre dauernde berufsbegleitende Fortbildung packen längst nicht alle. Darauf ist Roy Blankenhorn stolz. Und sie freut sich über ihren erweiterten Horizont und die vielen Kontakte, die das Studium gebracht hat. Kontakte sind für eine Frau wie Roy Blankenhorn ebenso wichtig wie natürlich. Sie ist eine aktive »Vinissima«-Frau und war, wie schon erwähnt, Vorsitzende der 1991 gegründeten Vereinigung. 2003 hat sie das internationale

Roy Blankenhorns Tochter Hanna (die zweite von drei Töchtern) studiert Politik und Islamwissenschaften. Ob eine ihrer Töchter einmal das Weingut übernehmen wird, lässt Roy Blankenhorn offen: »Leidenschaft lässt sich nicht erzwingen.«

Netzwerk »WSET« (Wine & Spirit Education Trust) in London mit aus der Taufe gehoben. Ihre Gourmetveranstaltungen für Frauen, die sehr erfolgreich sind, sind eher Kontaktbörsen als Demonstrationen von Frauenemanzipation. So etwas haben Frauen wie Roy Blankenhorn gar nicht nötig. Dass bei einer Weinreise mal keine Männer dabei sind, habe mit Männerfeindlichkeit überhaupt nichts zu tun, versichert die Winzerin, die seit Jahren für viele Vorbild und Verkörperung des Erfolges von Frauen im Weinbau ist.

Am liebsten kümmert sich Roy Blankenhorn um ihre Weine. Dabei unterstützt sie seit 2005 ihr neuer Kellermeister Frank Schmid, ein Schüler des langjährigen Mitarbeiters im Weingut Roy Blankenhorn, Fritz Deutschmann. Den hat es vor einiger Zeit in die Politik gezogen. Im Jubiläumsjahr des Weinguts, 2007, freute sich die Winzerin über einen besonders gesunden Jahrgang, der die längste Reifephase in der Geschichte des Guts brachte und mit einem Bilderbuchherbst glänzte. Schon Mitte November konnte Roy Blankenhorn mit ihren Mitarbeitern einen Gutedel-Eiswein mit 139 Grad Oechsle ernten. Wenn das kein gutes Omen für die Zukunft ist! Nach ihren Plänen befragt, antwortet die Winzerin mit dem typisch trockenen Roy-Blankenhorn-Humor: »Den Status quo vermeiden.«

Dass Roy Blankenhorn Badische Weinkönigin war, ist in einem der großen Holzfässer festgehalten. Da der Keller sehr verwinkelt ist, muss jeder verfügbare Platz für Fässer, Barriques und Tanks benutzt werden. Viele kleine Gebinde ermöglichen den parzellengerechten Ausbau der Weine.

## DAS WEINGUT
## IN ZAHLEN

### WEINGUT BLANKENHORN
D-79418 Schliengen
Tel. +49-7635-82000
Fax +49-7635-820020
www.gutedel.de

### REBFLÄCHE
21 Hektar

### REBSORTEN
Gutedel, Spätburgunder, Grauburgunder, Weißburgunder, Chardonnay, Gewürztraminer, Sauvignon Blanc, Müller-Thurgau, Cabernet Sauvignon, Merlot

**BLANKENHORN PINOT SEKT**
**B. A. BRUT**

---

Dass aus dem Markgräflerland ausgezeichnete Winzersekte kommen, die nicht zwangsläufig aus Gutedel gemacht werden, belegt der schmelzig-zarte, erfrischende Pinot von Roy Blankenhorn. Die Cuvée aus weiß gekeltertem Spätburgunder, Weißburgunder, Grauburgunder und Chardonnay – die Grundweine wurden teilweise im Barrique ausgebaut – ist ein eleganter, gerundeter Willkommensgruß, den sich die Postreisenden bei Thurn und Taxis bestimmt gerne hätten reichen lassen. Zugleich ein ausgezeichnet gemachter Schaumwein mit Apfel- und Bonbonnoten, leicht wie das Leben.

**SCHLIENGENER SONNENSTÜCK**
**SPÄTBURGUNDER JUBILÄUMSETIKETT**
**QBA TROCKEN**

---

Das historische Etikett wurde zum 160. Geburtstag des 1847 gegründeten Weinguts aufgelegt (damals noch nicht im ehemaligen Posthaus). Der Wein ist ein Pinot Noir durch und durch: charmante Schokoladenase mit Kirschenduft, am Gaumen fein und elegant, ja fast filigran, ohne die nötige Tiefe vermissen zu lassen. Man könnte sagen: Der Riesling unter den Spätburgundern – aber es ist eher der Blankenhorn unter den Pinots. Als Vorstufe zu den Großen Gewächsen, die ab dem 2007er Jahrgang angeboten werden, gibt er zu großen Hoffnungen Anlass.

**SCHLIENGENER SONNENSTÜCK**
**CABERNET SAUVIGNON MERLOT**
**QBA TROCKEN**

---

Sehr schön entwickelte, mit Kakao- und Schokolade aufwartende Barriquenase, aber – wie alle Blankenhornweine – nicht fett. Im Mund feinste Barriquenoten mit ausgewogenen Beerenaromen (Brombeere). Die 14 Volumenprozent werden von der schön eingebundenen Säure so gut abgefangen, dass sie den zarten Gesamteindruck nicht schmälern. Eine bordeauxartige Cuvée mit der Raffinesse eines Spätburgunders! Erst seit 2003 assembliert Roy Blankenhorn die beiden Sorten, die auch jeweils sortenrein ausgebaut im Angebot sind.

**SCHLIENGENER SONNENSTÜCK**
**GUTEDEL**
**QBA TROCKEN**

---

Mit dem Gutedel, der gerade im Markgräflerland heimischen Sorte, verbindet Roy Blankenhorn eine besonders innige Beziehung, wie sie sagt. Deshalb hat sie ihre Website so genannt, und deshalb findet man bei ihr die wohl ausführlichsten Informationen über die Sorte, die es gibt. Zum Beispiel, dass man Gutedel in Ägypten gefunden hat, und zwar in der Oase El Fayum. Trotzdem weiß niemand, woher die Sorte stammt. Der Wein mit seiner schönen Apfelfrucht ist saftigschmelzig mit feiner Säure, so wie man sich einen Begleiter auf der sonnigen Terrasse oder zu Spargeln vorstellt. Ein im besten Sinne des Wortes geselliger Wein, mit dem man sofort Freundschaft schließt.

Spätburgunder, Weißburgunder, Grauburgunder, Chardonnay

Spätburgunder

Cabernet Sauvignon, Merlot

Gutedel

# CHIARA BOSCHIS

## Azienda Agricola E. Pira e Figli, Italien

### »Wein machen ist für mich keine Frage des Geschlechts«

VOR FAST 20 JAHREN WAR CHIARA BOSCHIS DIE EINZIGE FRAU UNTER DEN »BAROLO BOYS«,
DEN JUNGEN WINZERN, DIE DAMALS BEGANNEN, DEN BAROLO ZU VERÄNDERN.
HEUTE SIND DIE GRÄBEN ZWISCHEN TRADITIONALISTEN UND NEUERERN FAST ZUGESCHÜTTET,
UND CHIARA BOSCHIS IST MIT IHREN ELEGANTEN, EIGENSTÄNDIGEN WEINEN AN DER SPITZE ETABLIERT.

Die schlanke, zierliche Winzerin mit den schwarzen Haaren ist ein charismatisches Energiebündel. Sie hat den mächtigen Barolo gezähmt, einen Wein, den manche Liebhaber als Tanninmonster bezeichnet haben, ihm ihren Willen aufgezwungen, ihn zugänglich und charmant gemacht. Freilich liegen die Jahre lange zurück, in denen die altgewohnten Barolowinzer die Nase rümpften, als Kollegen plötzlich kleine Barriques statt der wuchtigen Fuder aus slowenischer Eiche in ihre Keller stellten und die Maischestandzeiten des Nebbiolo drastisch verkürzten.

Der Barolo hat längst internationalen Schliff bekommen, der damals neue Stil hat sich weitgehend durchgesetzt. Als die studierte Wirtschaftswissenschaftlerin Chiara Boschis 1990 die Leitung des Weinguts Enrico Pira & Figli übernahm, schrieben die Zeitschriften über die »Barolo Boys«, eine Handvoll junger Winzer, die den neuen Typ propagierten. Chiara Boschis war die einzige Frau unter diesen Revolutionären und galt lange als eine der ganz wenigen Winzerinnen in den Langhe.

Das hat sie allerdings nicht sonderlich bewegt. »Mein Vater hat mich immer genauso behandelt wie meine Brüder«, sagt die Winzerin. Sie habe sich schon als Kind als einer der Jungs gefühlt. Für Frauen ihrer Generation sei der Winzerberuf viel leichter zu ergreifen als früher: »Der Geschlechterkampf ist schon vor Jahrzehnten geführt worden. Ich habe großen Respekt vor meiner Mutter und meiner Großmutter«, bekennt die Erfolgswinzerin.

Die Zeiten haben sich geändert. Auch im Barologebiet gibt es heute zahlreiche Frauen, die Weine machen und Weingüter führen. Da wären beispielsweise die Töchter von Elio Altare, Silvia und Elena, die Tochter des Starwinzers Angelo Gaja, die Gaia heißt, oder die Tochter des nicht weniger berühmten Bruno Giacosa, Bruna.

In ihrem kleinen Keller baut Chiara Boschis nur Weine aus eigenem Lesegut aus. Die Produktion liegt bei knapp 20.000 Flaschen jährlich. Die Barriques aus neuer französischer Eiche werden für den Barolo benutzt, der zwei Jahre darin reift.

## DAS WEINGUT
## IN ZAHLEN

**AZIENDA AGRICOLA
E. PIRA E FIGLI**
Via Vittorio Veneto 1
I-12060 Barolo (Cn)
Tel. +39-0173-56247
Fax +39-0173-56344
www.pira-chiaraboschis.com

**REBFLÄCHE**
3 Hektar

**REBSORTEN**
Nebbiolo, Barbera, Dolcetto

Chiara Boschis stammt aus einer Weinfamilie. Ihr Vater hat nach dem Krieg mit unermüdlichem Einsatz neben der Tätigkeit in Weinberg und Keller den Export seiner Weine bis in die USA vorangetrieben, etwas, an das sich Chiara Boschis immer erinnert. Ihre Brüder Giorgio und Cesare leiten das traditionsreiche Barolohaus Borgogno, das ein paar Meter von ihrem Weingut entfernt mitten in Barolo liegt.

Das Weingut Pira wurde 1981 von den Geschwistern des ein Jahr zuvor tragisch verstorbenen Enrico Pira an die befreundete und entfernt verwandte Familie Boschis verkauft. Pira war ein traditioneller Barolowinzer gewesen, der die Trauben noch als einer der Letzten mit den Füßen einmaischte. Chiara Boschis, die nach ihrer Tätigkeit im Hause Borgogno das Weingut übernahm, hatte jedoch andere Vorstellungen: Konnte ein kraftvoller Wein wie der Barolo nicht auch über Eleganz und Finesse verfügen? Sie machte sich daran, den Stil der Piraweine grundlegend zu verändern.

Mit dem Wandel der Weine  ging eine äußere Veränderung des Weinguts einher, das jedoch bis heute ein sehr kleiner Betrieb geblieben ist und in dem ausschließlich Trauben aus den eigenen knapp drei Hektar Rebfläche verarbeitet werden. Der kleine Keller wurde modernisiert, Barriquefässer wurden angeschafft. Ihre Barolos lässt die Winzerin zwei Jahre in neuer, nur schwach getoasteter französischer Eiche reifen, ihre Barberas und den Dolcetto baut sie in gebrauchten Barriques aus, in denen die Holznote dezenter ausfällt.

Ihre Lagen umfassen die berühmte Einzellage Cannubi, in der sie zwei Hektar besitzt, Cannubi San Lorenzo sowie Via Nuova. Im Cannubi überlagern sich auf einzigartige Weise beide Bodentypen des Barologebiets, nämlich Tortoniano und

Elveziano, also blauer Mergel mit Kalk-, Lehm- und Sandanteilen sowie eisenhaltige Kalk- und Sandsteinböden.

Die äußere Erscheinung der Winzerin mag die Vermutung nicht unbedingt nahe legen, aber Chiara Boschis ist eine Winzerin und Macherin, die sich unermüdlich, energievoll und leidenschaftlich gern um alles kümmert, vom Rebschnitt über die naturnahe Bewirtschaftung im Weinberg bis zur grünen Ernte und der Lese, anschließend im Keller von der Maischegärung bis zur Abfüllung.

Dazu kommen freilich auch die Repräsentation ihres Weinguts nach außen, Auslandsreisen und Verkostungen. Als echte Italienerin hat Chiara Boschis die Gabe, mit schwärmerischer, ansteckender Begeisterung über ihre Weine zu sprechen. Und sie ist stolz darauf, alles selbst machen zu können.

Spätestens mit ihrem 1997er Barolo Cannubi gelang ihr der Sprung an die Spitze, nachdem schon der 1994er Barolo E. Pira und der 1996er Cannubi von einem italienischen Weinführer mit jeweils drei Gläsern ausgezeichnet worden waren. Der 1997er Cannubi wurde als einer der fünf besten Barolos eingestuft. Auch spätere Jahrgänge wie 1998 und 2000 erhielten von der Kritik Höchstnoten. Chiara Boschis Qualitätskonsistenz ist beeindruckend, wenn man weiß, dass es im Piemont nicht nur Topjahrgänge gibt.

Drei gute Jahrgänge in einem Jahrzehnt war für die Winzer früher schon viel. Ein verregnetes Jahr wie 2002, in dem viele Erzeuger keinen Barolo abfüllten, ist für die ambitionierte Winzerin eine Herausforderung. »In einem guten Jahrgang kann jeder einen guten Wein machen«, lächelt sie. Das Lesegut wurde streng selektiert und nur die besten Trauben für ihren Barolo verwendet. Im Keller habe sie dreimal mehr arbeiten müssen als in normalen, guten Jahren. »Ein paar Flaschen haben wir sogar verkaufen können«, witzelt sie. Gerade dieses von der Natur bedingte Auf und Ab sei das Schöne und Interessante am Winzerberuf.

Der grandiose 2001er Jahrgang – einer der besten Jahrgänge ihres Lebens und einer, der ihr Leben regelrecht veränderte, wie sie sagt – zeigte nach dem ebenfalls sehr guten 2000er, was Lagen wie Cannubi ausmacht: Charakter, geprägt durch kalk- und tonhaltige Schichten aus dem Jungtertiär. Chiara Boschis sieht im Terroir den größten Schatz der Barolowinzer, der ihre Weine unnachahmlich macht. Aber was ist das beste Terroir ohne Leidenschaft?

*Die Spitzenlage Cannubi ist wohl der bekannteste Cru im Barologebiet und zugleich die älteste ausgewiesene Einzellage (1732 auf einem Weinetikett). Die leicht geneigte bis recht steile, teils terrassierte Rebfläche des Hügels liegt zwischen 185 und 350 Meter über dem Meeresspiegel. Im Cannubi überlagern sich auf einzigartige Weise beide Bodentypen des Barologebiets. Der Wein ist mächtig-dicht und doch elegant und finessenreich. Kräftige Holzkonturen (24 bis 36 Monate Ausbau im neuen Barrique) und eine tiefe, an Brombeeren und Waldfrüchte erinnernde Frucht mit Noten von Veilchen, Mokka, Schokolade und Gewürzen machen den Cannubi zu einem vollendeten Barolo, der Tradition und modernen Stil verbindet.*

*Chiara Boschis Parzellen des Via Nuova liegen auf dem Terlo genannten Hügel zwischen 300 und 340 Meter hoch südlich von Barolo. Kalk-Lehmboden herrscht hier vor. Der Wein reifte in französischen Barriques. Im Duft würzig und beerenfruchtig mit balsamischen Noten, zeigt der Via Nuova eine kernige Art, die sich langsam öffnet, samtiges Tannin bei kraftvollen Konturen und Aromen von Teer und Veilchen.*

Nebbiolo

Nebbiolo

# BIRGIT BRAUNSTEIN

WEINGUT BIRGIT BRAUNSTEIN, ÖSTERREICH

## *Immer ein Ziel im Blick*

ZU DEN BESTEN WINZERN ÖSTERREICHS ZU GEHÖREN.
DAS WAR ES, WAS BIRGIT BRAUNSTEIN IMMER ANGESTREBT HAT.
UND DAS IST DER JUNGEN WINZERIN
AUS DEM BURGENLÄNDISCHEN PURBACH GELUNGEN.

Frisch, unkompliziert und unternehmungslustig wirkt Birgit Braunstein, die junge Frau mit den kurzen Haaren und dem hellen Lachen. Alles scheint für sie im Lot zu sein: Sie hat den elterlichen Betrieb übernommen, sie erzieht die Buben Maximilian und Felix, 1998 geborene Zwillinge, und sehr lebendige dazu. Und sie ist nach absolvierter Ausbildung an der Höheren Lehranstalt für Tourismus und einem Wirtschaftsabschluss Winzerin des Jahres geworden. Denn: Ihre Weine zählen international zu den besten.

Wie schafft eine Frau ein solches Pensum? Bei aller sympathischen Flexibilität, bei aller Fähigkeit, humorvoll mit dem alltäglichen Chaos umzugehen, offenbart sich eben doch ein fester Wille, eine Zielstrebigkeit und Ernsthaftigkeit, ohne die niemand einen Spitzenwein erzeugen kann. Dafür spricht auch die durchaus solide familiäre Grundlage, in der sie Geborgenheit findet.

Seit 400 Jahren betreibt ihre Familie Weinbau am Neusiedlersee. 3000 Jahre alte Traubenkerne – Pinot Blanc und Gewürztraminer – hat man in einem alten Tonkrug gefunden, der nicht weit von Purbach entfernt ausgegraben wurde. Die Kellergewölbe aus dem 19. Jahrhundert sind sehenswerte Zeugnisse einer langen Weintradition. Eines dieser Zeugnisse gehört den Braunsteins.

Mit all dem kann sich Birgit Braunstein identifizieren. Wein ist ihr »Berufung, Hobby und Freude«. Sie ist mit dem Wein aufgewachsen. Nach dem Studium und dem ersten Job (Unternehmensberaterin wollte sie werden) hat es sie 1995 wieder zurück nach Purbach gezogen. Weltoffen ist die junge Winzerin trotzdem, sucht mit ihren Weinen den Wettbewerb und freut sich, wenn sie in den ehrenwerten Kreis der »Salonwinzer« Österreichs aufgenommen wird. Witzige Ideen hat sie zudem, die ihr Marketingtalent offenbaren.

Mit Kolleginnen gründete sie die Vereinigung »Elf Frauen und ihre Weine«, die sich gemeinsam auf Messen und in den Medien präsentieren. Der Zusammenschluss ist Netzwerk, Kontaktbörse, und da ist außerdem der Spaß am Austausch von Wissen und Erfahrungen. Mit benachbarten Winzern, die wie sie am Leithaberg Wein anbauen, rief sie die »Vereinigung Leithaberg« ins Leben, die mit ihren roten und weißen Weinen bereits für Aufsehen gesorgt hat. 2005 hat sie den Barrique-de-Beurse-Wein aufgelegt. Das ist ein Wein, den weinpassionierte Wiener Börsianer seit 1991 jedes Jahr im Burgenland küren und »außerbörslich handeln«. Ihre 2004er Cuvée aus Zweigelt, Blaufränkisch und St. Laurent trägt ein Künstleretikett. Der Maler ist ein gewisser Felix Braunstein, 1998 geboren; er »lebt und zeichnet in Purbach«.

Aber auch die nicht an der Börse gehandelten Braunsteinweine sind perfekt. Birgit Braunstein überlässt nichts dem Zufall. Naturnahe und die Umstellung auf biologisch-dynamische Bewirtschaftung ist der Mutter und Mitbegründerin einer Freien Waldorfschule selbstverständlich, was heißt: sorgfältige Bearbeitung der Laubwand in den Rebzeilen, damit die Pflanzen die Sonnenenergie optimal nutzen, niedrigste Erträge und Lese von Hand. Birgit Braunstein hat das alles im Blick und im Griff. Der Beruf der Winzerin macht ihr sichtlich Freude. Doch spielerisch-leicht ist er gewiss nicht. Die Arbeit im Weingut, im Rhythmus der Natur, wirkt aber an sich schon disziplinierend. Im Zusammenklang mit der starken Persönlichkeit der Winzerin bildet sich offensichtlich zudem der Charakter in den Weinen.

Birgit Braunsteins Premiumgewächse (weiß und rot) tragen den Namen Oxhoft. So hießen früher die Eichenfässer, in denen Wein transportiert und gelagert wurde. Der weiße, ein Grüner Veltliner von alten, auf Schiefer stehenden Rebstöcken, wurde ausschließlich in Magnumflaschen abgefüllt. Der rote, eine Cuvée aus Blaufränkisch, Cabernet Sauvignon und Zweigelt, reifte zwei Jahre im Barrique. Eine andere Cuvée mit Namen Gemini – symbolhaft für ihre beiden Buben, die Zwillinge – verbindet Blaufränkisch, St. Laurent und Zweigelt.

Mutter ist Birgit Braunstein mit der gleichen Begeisterung wie Winzerin. Den Wein für ihre 1998 geborenen Zwillinge hat sie bereits gemacht. Er heißt Gemini und ist eine Cuvée aus drei Sorten. Felix hat auch schon ein Etikett gestaltet.

## DAS WEINGUT IN ZAHLEN

**WEINGUT BIRGIT BRAUNSTEIN**
Hauptgasse 18
A-7083 Purbach
Tel. +43-2683-5913
Fax +43-2683-551322
www.braunstein.at

### REBFLÄCHE
25 Hektar

### REBSORTEN
Blaufränkisch, Zweigelt,
St. Laurent, Pinot Noir,
Welschriesling, Pinot Blanc,
Chardonnay, Sauvignon Blanc

### LEITHABERG ROT

*Leithaberg ist ein Bergmassiv aus kristallinem Gestein (Gneis, Glimmerschiefer), das von fossilienreichen Muschelkalksedimenten und Mergel überlagert ist. Im roten Leithaberg spielt Blaufränkisch definitionsgemäß die Hauptrolle, der Mindestanteil muss bei 50 Prozent liegen. Birgit Braunsteins Leithaberg ist jedoch reinsortig. Er zeigt eine elegante Finesse: Kirsch- und Brombeernoten (auch Brombeermarmelade), eingewoben in eine seidige Tannin- und Säurestruktur, die den Wein lebhaft und leichtfüßig macht.*

### OXHOFT ROT

*Einer der besten Rotweine Österreichs: dunkel, johannisbeer- und brombeersaftig mit Kakao- und Bitterschokoladenoten, feine Würze und schmeichlerische Tannine, großzügig und weich im Mund bei großer Tiefe, satte Frucht. Die Cuvée aus Blaufränkisch, Cabernet Sauvignon und Zweigelt wurde nach fünfwöchiger Maischestandzeit 24 Monate in französischen Barriques ausgebaut.*

### ST. LAURENT GOLDBERG

*St. Laurent ist wahrscheinlich eine Kreuzung aus Pinot Noir und einer unbekannten Sorte; die Herkunft liegt wahrscheinlich in Frankreich. Er gedeiht gut auf kalkhaltigen Böden, ist aber anfällig für späte Fröste. Gewisse Ähnlichkeiten mit Pinot Noir legt auch der Goldberg an den Tag: Nase von Sauerkirsche (Morelle, Weichsel), reifen Brombeeren mit würzigen Noten (auch etwas Waldbeeren), dazu samtiges Tannin und elegante Säure. Neun Monate Ausbau im Barrique.*

Blaufränkisch

Blaufränkisch, Cabernet Sauvignon, Zweigelt

St. Laurent

# MARIE-THÉRÈSE CHAPPAZ

Cave de la Liaudisaz, Schweiz

*»Ich gehe jeden Tag zu meinen Reben«*

MARIE-THÉRÈSE CHAPPAZ AUS DEM WALLIS WIRD ALS EINE DER BESTEN ERZEUGER DER SCHWEIZ GEHANDELT, SAGT ABER VON SICH, DASS SIE IMMER NOCH AUF DER SUCHE SEI, DIE ZWEIFEL HÖRTEN NIE AUF. DOCH IHRE WEINE SIND LÄNGST ÜBER JEDEN ZWEIFEL ERHABEN, VOR ALLEM IHRE AUSSERGEWÖHNLICHEN SÜSSEN GEWÄCHSE.

Kann man etwas Perfektes immer noch besser machen? Marie-Thérèse Chappaz würde niemals behaupten, einen perfekten Wein erzeugt zu haben, obwohl ihr eine renommierte amerikanische Weinzeitschrift die Traumnote 100 für ihren 1998er Petite Arvine Grain Noble zugestanden hätte – wenn sie auf dem US-Markt präsent gewesen wäre. Die schlanke Frau mit den widerspenstigen rotblonden Haaren ist zumindest nah dran an der Perfektion.

Um ihre Weine noch besser zu machen, hat die Winzerin vor einigen Jahren auf biologisch-dynamische Bewirtschaftung umgestellt. Früher fand sie Bioweine nicht immer überzeugend. An der Weinbauschule hatte man gelehrt, dass Chemie sein müsse. Marie-Thérèse Chappaz hatte jedoch immer Angst, mit den Produkten irgendetwas falsch zu machen – und von bestimmten Mitteln wurde ihr regelrecht übel. Aber nach einem Besuch bei Michel Chapoutier an der Rhône stand ihr Entschluss fest: Die Biodynamie war für sie der Weg aus dieser Falle.

»Die Zweifel hören nie auf«, gibt sie zu. Aber sie hat mit Befriedigung festgestellt, wie robust ihre Reben geworden sind. Falscher Mehltau? Kein Problem mehr, auch wenn das mancher konventionell wirtschaftende Nachbar nicht glauben mag. »Am Anfang wurde ich von einigen wohl als Hexe angesehen«, lacht die Winzerin. Erstaunlich fand sie, wie schnell die Erde und die Pflanzen auf die Umstellung reagiert haben. Auch die Weine haben mehr Ausdruckskraft gewonnen, sagt sie. Ihre Reben besucht sie im Sommer täglich.

Die Reben stehen hoch über dem Rhônetal, der Blick von ihrem Weingut ist herrlich. Das Haus gehörte einst ihrem Großonkel Maurice Troillet, der ein bekannter Politiker war. Er starb ohne Nachkommen, kurz nachdem Marie-Thérèse auf die Welt gekommen war. Ihre Eltern gingen

ihrem Beruf nach und ließen andere die Trauben von dem geerbten Weinberg ernten. Aber sie schenkten ihrer Tochter zum 17. Geburtstag einen Hektar Rebland, der mit Pinot Noir bestockt war.

»Außer der Lese hatte ich keine besondere Ahnung vom Weinmachen«, erinnert sie sich. Dann war da der entscheidende Moment: »Mit 18 saß ich auf der Treppe vor dem Haus meines Großonkels und begann zu träumen: Wie wäre es, das Weingut wieder in Schuss zu bringen, selbst Wein zu machen?«

Bis es so weit war, sollte es noch dauern. Marie-Thérèse bricht ihre Ausbildung zur Hebamme ab und schreibt sich an der Weinbauschule von Changins im Kanton Waadt ein. Die Entscheidung war kühn und nicht ohne Zögern getroffen worden. An das Jahr, »kein leichtes Jahr«, erinnert sie sich nicht sehr gerne. Einige Jahre arbeitet sie dann im Weinkeller der landwirtschaftlichen Forschungsanstalt von Changins, bevor sie Ende der 1980er Jahre Winzerin wird – und gleichzeitig Mutter.

1989 wird ihre Tochter Pranvera geboren. Im gleichen Jahr weiht Marie-Thérèse ihren eigenen Keller ein und erntet ihren ersten eigenen Wein von 1,5 Hektar. Als Schwangere habe sie im Keller gearbeitet, erinnert sich die drahtige Winzerin, der die schwere körperliche Arbeit wenig auszumachen scheint.

Inzwischen hat Marie-Thérèse Chappaz den Weg an die Spitze der Schweizer Weinszene geschafft. Für ein kleines Weingut ist der Sortenreichtum beachtlich. Marie-Thérèse baut sowohl internationale als auch typische Walliser Sorten an wie Petite Arvine oder Cornalin. Eine ihrer besten Lage ist Les Claives in Fully. Dort stehen auf kleinen, steilen Terrassen knorrige, über 80 Jahre alte Ermitagestöcke (die Rebsorte heißt auch Marsanne). Dass die kleinen Beeren überhaupt noch Saft haben, wundert die Winzerin manchmal selbst. Neben den Weißen keltert Marie-Thérèse Chappaz auch eine Reihe von Rotweinen, darunter auch den klassischen Dôle aus Gamay und Pinot Noir.

Ihre große Leidenschaft gilt jedoch den Süßweinen, die sie aus den drei Sorten Malvoisie, Ermitage und Petite Arvine keltert. Spitzenweine könne man in der Schweiz machen, sagt sie, das wolle sie zeigen – und beweist es immer wieder.

## DAS WEINGUT IN ZAHLEN

**CAVE DE LA LIAUDISAZ**
CH-1926 Fully
Tel. +41-27-7463537
Fax +41-27-7463529
www.chappaz.ch

**REBFLÄCHE**
8 Hektar

**REBSORTEN**
Chasselas (Fendant), Ermitage (Marsanne), Malvoisie, Petite Arvine, Chardonnay, Sylvaner, Humagne Rouge, Cabernet Sauvignon, Merlot, Cabernet Franc, Syrah, Pinot Noir, Cornalin, Gamay, Diolinoir, Gamaret

Hoch über dem Rhônetal, im Haus, das früher ihrem Großonkel gehörte, hat Marie-Thérèse Chappaz ihr Weingut eingerichtet. Ihr Anliegen ist zu zeigen, dass die Schweiz Spitzenweine hervorbringen kann, die auch im Ausland Anerkennung finden. Warum die Schweizer oft lieber Geld für ausländische Kreszenzen ausgeben, erklärt sich die Winzerin damit, dass die Kirschen in Nachbars Garten ja auch immer besser als die eigenen zu schmecken scheinen.

## GRAIN D'OR

*Ermitage, auch Marsanne genannt, ist die Basis für diesen trockenen Wein, der zu den Lagerweinen (Vins de Garde) von Marie-Thérèse Chappaz gehört. Die Reben stehen auf Granitböden. Der Wein wurde im Barrique vergoren und ausgebaut und offenbart sich erst nach einiger Zeit in voller Schönheit. Traubige Aromen mit Noten von eingelegten gelben Früchten, wundervolles erdig-mineralisches Säurespiel und Kräuternoten, großartige Länge, ein Goldkorn!*

## GRAIN NOBLE

*Die drei Gewächse dieser Süßweine gehören zum Besten, was die Schweiz außer Uhren und Schokolade zu bieten hat. Den 1998er Petite Arvine Grain Noble nannte eine Schweizer Zeitung »die blaue Mauritius des Schweizer Weins«. Die Beeren trocknen an der Sonne und werden dann schonend gepresst; der Wein vergärt im Barrique. Betörende Nase von eingelegten Pfirsichen, Quitten (Quittengelee) und etwas exotischen Früchten, sehr traubig, dazu Aromen von Honig, Akazien, Zitrusfrüchten (Orangenschale), feine Würze, opulent und sehr, sehr lang anhaltend. Einer der großen Süßweine dieser Welt.*

## DÔLE LA LIAUDISAZ

*Der Dôle – la dôle, sagen die Walliser – ist der klassische, leichte Rotwein aus dem Wallis, eine Cuvée, die aus Gamay und Pinot Noir sowie kleinen Anteilen von Diolinoir und Gamaret besteht. Ein beerenfruchtiger, süffig-saftiger Roter, freundlich und charmant wie ein Sommertag, dazu mineralisch frisch und etwas würzig.*

## GRAIN NOIR

*Cuvée im Bordeauxstil aus Cabernet Sauvignon, Merlot und Cabernet Franc, finessenreich und elegant, mit feinen Beerenaromen (Cassis, Brombeere) und einem Hauch röstigem Holz und Kräutern (Minze). Abgerundete Tannine, ein Wein mit Schliff und guter Würznote.*

Ermitage (Marsanne)

Petite Arvine

Gamay, Pinot Noir,
Diolinoir, Gamaret

Cabernet Sauvignon,
Merlot, Cabernet Franc

# EVA CLÜSSERATH

## WEINGUT ANSGAR CLÜSSERATH, DEUTSCHLAND

### *Schiefer heiratet Kalkstein*

GUTE TATEN BLEIBEN NICHT LANGE VERBORGEN – JEDENFALLS NICHT BEIM WEIN.
DENN DIESER SPRICHT FÜR SICH.
IM FALLE DER BESCHEIDENEN, STILLEN EVA CLÜSSERATH
GILT DAS FÜR DIE WEINMACHERIN UND IHRE WEINE.

Eva Clüsserath ist mit Anfang dreißig bereits eine sehr ernst zu nehmende Winzerin. Schon mehrere Jahre lang war sie Geschäftsführerin des pfälzischen Verbandes Deutscher Prädikatsweingüter (VDP). Und dies als gebürtige Moselanerin! Wer die profilierten Winzerpersönlichkeiten von der Mittelhaardt oder aus der Südpfalz kennt, aus den Traditionsgütern der Oekonomie- und Geheimräte, und wer weiß, dass der VDP sich als Winzerelite begreift, kann sich vorstellen, dass in erster Linie Können erforderlich ist, eine solche Aufgabe zu übernehmen.

Sie habe sich einfach beworben, berichtet Eva Clüsserath lakonisch. Ihre Sache hat sie gut gemacht. »Da musste man schon diplomatisch sein, aber es war schön in der Pfalz. Die Mentalität der Leute ist dort offener als bei uns an der Mosel«, findet sie. Die Geschäftsführung abgegeben habe sie erst nach langem Überlegen, nachdem zunächst die Reduzierung auf Teilzeit doch nicht ausreichende Entlastung gebracht habe. Nein, keine Kinder standen ins Haus, die mit dem Beruf unter einen Hut gebracht werden mussten. Eva Clüsserath ist aber mit zwei Weingütern verheiratet.

Das eine ist das ihrer Eltern, das sie seit ihrem Studium in Geisenheim leitet: Weingut Ansgar Clüsserath in Trittenheim an der Mosel, fünf Hektar überwiegend Schiefer-Steillagen mit Riesling und etwas Weißburgunder. Das andere ist das Weingut Wittmann im rheinhessischen Westhofen, Kennern ein Begriff als einer der Topbetriebe der Region und des ökologischen Weinbaus. Philipp Wittmann lernte sie im Studium kennen. Als die beiden 2007 nach neun Jahren heirateten, witzelten Freunde: Schiefer heiratet Kalkstein! Winzer-Knowhow und Leidenschaft trafen zusammen.

Bei den Weinen findet keine Vermischung statt. »Wir haben beide das Ziel, dass man beim Trinken unserer Weine den Boden schmecken sollte«, sagt die Winzerin.

Weingüter können leider nicht flugs zusammenziehen. Also pendelt Eva Clüsserath 150 Kilometer: ein paar Tage an der Mosel, wo sie die Weine macht, dann ins Rheinhessische. Dort arbeitet sie im Büro, kümmert sich aber nicht um die Kellerarbeit.

Das Interesse, Wein zu machen, kam irgendwie irgendwann von selbst. Nie hätten sie die Eltern gedrängt, sagt Eva Clüsserath. Und so ging sie zunächst einen anderen Weg, Richtung Getränketechnologie, und machte ein Praktikum bei einem Mineralwasserkonzern. Dem folgte dann eines im Weingut St. Urbanshof an der Mosel. Und damit war der weitere Weg besiegelt. Die Leidenschaft für den Wein hatte sie gepackt.

Als sie im elterlichen Weingut dann die Zügel in die Hand nimmt, experimentiert sie sogleich mit Spontanvergärung, zunächst in ein paar Fässern. Das war 2001. Heute sind Eva Clüsseraths Weine als einige der besten »Spontis« bei Insidern bekannt. Studienfach in Geisenheim war das seinerzeit nicht. Damals sei Spontanvergärung noch verpönt gewesen, erzählt sie.

Bei Spontanvergärung bleiben die Trauben mehrere Stunden auf den Schalen stehen, auf denen die natürlichen Hefen sitzen. Aber wie lange genau? Spontanvergärung sei Gefühlssache und je nach Art des Jahrgangs immer anders, erklärt Eva Clüsserath. Ist das vielleicht eine Stärke der Winzerinnen gegenüber ihren männlichen Kollegen? Eva Clüsserath hält wenig von solchen Theorien, obwohl sie Vinissima-Mitglied ist. »Ich würde nicht sagen, dass Frauen bessere Weine als Männer machen. Aber Wein ist auf jeden Fall etwas Intuitives. Man muss nicht studieren, um guten Wein zu machen, man muss ein Gefühl dafür haben.«

Eva Clüsserath hat zweifellos dieses Gefühl. Dennoch ist Spontanvergärung für sie keine Glaubensfrage. Ihrer Meinung nach können Winzer Terroirweine auch mit Reinzuchthefen machen. »Wir haben es ausprobiert: Die Weine sind besser. Sie brauchen länger und sind am Anfang schwierig. Manche Winzer überfordert das. Aber es gibt auch viele Fans«, erklärt sie.

Klipp und klar den eigenen Weg gehen, ohne großes Getöse, das ist Eva Clüsseraths Stil. Wenig Zeit bleibt dabei für anderes. Aber zum Glück mache ja alles Spaß, was mit Wein zu tun hat.

Eva Clüsseraths Heimat ist das Moselstädtchen Trittenheim mit seinen charakteristischen Riesling-Steillagen, darunter die berühmte »Apotheke«. Zum elterlichen Weingut Ansgar Clüsserath gehören knappe fünf Hektar Rebfläche. Die Familie betreibt seit dem 17. Jahrhundert Weinbau.

## DAS WEINGUT IN ZAHLEN

**WEINGUT ANSGAR CLÜSSERATH**
Spielesstraße 4
D-54349 Trittenheim
Tel. +49-6507-2290
Fax +49-6507 6690
www.ansgar-cluesserath.de

**REBFLÄCHE**
5 Hektar

**REBSORTEN**
Riesling, Weißburgunder

## STEINREICH
## RIESLING QBA TROCKEN

---

*Das Sortiment ist klar strukturiert. Der Riesling Vom Schiefer (siehe rechte Spalte) ist der trockene Basiswein, dann kommt – seit 2006 – der Steinreich, gefolgt von den Lagenweinen. Bis auf diese tragen die Weine weder Lagennamen noch Prädikatsbezeichnungen.*
*Der 2006er, spontan vergoren, stammt aus der Lage Trittenheimer Apotheke und duftet delikat nach Apfel, Pfirsich und Kräutern, hat cremigen, aber trockenen Schmelz, geschmeidig und stabil, im Finale etwas frische Butter.*

## TRITTENHEIMER APOTHEKE
## RIESLING KABINETT TROCKEN

---

*Die Grand-Cru-Lage des Weinguts. Der 2006er hat bis Ende Juni 2007 gegoren (!). Aparter Kräuterduft, jedoch ohne Übertreibung, aus dem nach und nach die wunderbaren Pfirsich- und Aprikosennoten emporsteigen; ein intensiver, dichter, kraftvoller, verwobener Wein mit saftiger Länge und exotisch-erfrischendem Abgang (grüner Apfel). Wirkte im Herbst 2007 noch ungezähmt und unruhig, verträgt daher noch einige Lagerzeit.*

## VOM SCHIEFER
## RIESLING TROCKEN

---

*70 Prozent der Clüsserathweine sind trocken ausgebaut. Der Gutsriesling heißt Vom Schiefer und zeigt mit klaren Rieslingaromen und mineralischer, eleganter Struktur Flagge. Durch leicht pflanzliche, an Kräuter erinnernde Noten verrät er den Spontangärer.*

# JOSEPHIN CRAMER

### AZIENDA AGRICOLA CANDIALLE, ITALIEN

## *Newcomer im Chianti*

JOSEPHIN CRAMER WOLLTE IMMER AUF DEM LAND LEBEN UND MIT DEN HÄNDEN ARBEITEN.
IN DER TOSKANA HAT SIE ALS WINZERIN IHREN TRAUM MIT DER IHR EIGENEN ZIELSTREBIGKEIT VERWIRKLICHT.
IHRE WEINE, BEI DENEN EIN EINÄUGIGER HUND EINE ROLLE SPIELT, VERKAUFEN SICH BESTENS –
VOR ALLEM IN FINNLAND. AUCH SONST IST MANCHES UNGEWÖHNLICH AN IHRER GESCHICHTE.

Bier und Wein schließen sich nicht aus. Niemand weiß das besser als Josephin Cramer, deren Familie in Deutschland eine bekannte Privatbrauerei besitzt. Die junge Frau mit den blonden Haaren hat sich aber nie als Erbin eines Bierimperiums gesehen. »Ich bin auf dem Land aufgewachsen, und mein Traum war immer, auf dem Land zu leben und zu arbeiten«, erzählt sie.

Ihr toskanisches Weingut Candialle liegt – nicht leicht zu finden – etwas abseits auf halber Höhe unterhalb des kleinen Orts Panzano in Chianti, das vielleicht dem einen oder anderen reisenden Feinschmecker durch seinen legendären Metzger Dario Cecchini bekannt ist. Zu ihm pilgern die amerikanischen Touristen in Scharen. Das Weingut Candialle mit etwa sechs Hektar Rebland ist für sie wahrscheinlich  kein Begriff, denn die Hälfte der Produktion wird nach Deutschland geliefert.

In Finnland dagegen – dorthin wird etwa die andere Hälfte geliefert – ist das Weingut ein Begriff, seine Weine stehen auf den Karten der besten Hotels. Das liegt außer an der Qualität der Candiallegewächse an Josephin Cramers Mann, einem Finnen. Jarkko Peränen kam als Soziologiestudent 1997 nach Italien, um auf Weingütern zu arbeiten, und ist später in der Toskana hängen geblieben. Dort lernte Josephin ihn kennen.

Das Weingut liegt im südlichen Teil der Conca d'oro genannten Region, der goldenen Muschel. Es hatte vorher der Eigentümerfamilie eines Verlagshauses gehört. Das Natursteinhaus ist alt, der Keller klein. »Am Anfang, 2002, war es eine ziemliche Baustelle«, erinnert sich Josephin Cramer. Gerade haben ihr Mann und sie nach dreijähriger Bauzeit den neuen Keller fertig gestellt.

Ein deutsch-finnisches Paar, das in Italien Wein macht, diese Konstellation hat Seltenheitswert. Beide sind Quereinsteiger, wenn auch Josephin nach ihrem Londoner Wirtschaftswissenschafts-

studium in Dijon einen Masterabschluss in Weinhandel und Marketing gemacht hat. Der bekannte Önologe Vittorio Fiore steht ihr beratend zur Seite. Die bedächtige Josephin wusste von Anfang an, worauf sie sich einließ: anstrengende Arbeit im Weinberg, in der Kälte des Winters (und der kann in der Toskana wirklich kalt sein!) und in der glühenden Hitze des Sommers. Das gerade hat sie gereizt: alles selbst zu machen, zu sehen, dass man die Qualität durch seine eigene Arbeit im Weinberg beeinflussen kann. »Man muss die Qualität selbst in der Hand haben«, sagt die Winzerin, die nur zwei Mitarbeiter hat, einen davon halbtags.

Vorgenommen hatte sie sich von Anfang an: wenn Wein machen, dann richtig guten! Begonnen hat sie ausgerechnet mit einem schwierigen Jahrgang, dem trockenen Hitzejahr 2003. Der wurde so gut wie nicht vermarktet; 2004 war der erste Jahrgang auf dem Markt. Die Weine kamen bei der Kritik gut an. Das Echo – neuerdings auch in Hugh Johnsons Weinführer – freut Josephin Cramer: »Da macht die Arbeit noch mehr Spaß.« Sie weiß: Bis zur angestrebten ganz großen Klasse wird es noch dauern, auch weil die Reben ja noch verhältnismäßig jung sind.

Bei der Bewirtschaftung verzichtet Josephin Cramer weitgehend auf chemische Dünge- und Pflanzenschutzmittel. »Wir sehen unseren Weinberg als ganzheitliches Agro-Ökosystem an, in dem wir leben, in dem wir täglich arbeiten und in dem unser Kind spielt.« Der Boden ist der für viele Chiantilagen kennzeichnende Galestro, bestehend aus Mergel und Albaresekalk. Die beste Lage bildet eine Falte im Gelände, nach der auch der Spitzenwein heißt, der Pli.

Seit 2006 der Sohn Rauno geboren wurde, hat sie noch etwas gelernt. »Als Frau hat man die Familie immer noch zusätzlich. Das geht, man muss nur alles gut koordinieren können.« Dafür erlebt die Winzerin die Freude, ihr Kind im Weingut aufwachsen zu sehen, sogar zwei- oder dreisprachig. Zur Familie der begeisterten Reiterin (die Andalusierstute Halla grast friedlich nebenan, ihr Name bedeutet auf Finnisch »Frost«) gehören auch zwei Hunde, Bolli und Lucca. Die schwarze Cane-Corso-Hündin Lucca hat im Kampf mit einem Stachelschwein ein Auge verloren. Seitdem ziert ihr Konterfei das Etikett der Cuvée Ciclope.

Candialle liegt, nur über einen unbefestigten Weg durch den Wald zu erreichen, unterhalb des Örtchens Panzano. Die Cane-Corso-Hündin Lucca ist wohl der einzige einäugige Hund der Welt, dessen Bild ein Weinetikett ziert. Sie ist gerade in einem Buch über Weingutshunde verewigt worden.

## DAS WEINGUT IN ZAHLEN

**AZIENDA AGRICOLA CANDIALLE**
Via San Leolino 71
I-50020 Panzano in Chianti
Tel. +39-055-852201
Fax +39-055-852592
www.candialle.com

**REBFLÄCHE**
7 Hektar

**REBSORTEN**
Sangiovese, Petit Verdot, Cabernet Sauvignon, Merlot, Syrah

**CANDIALLE**
**CHIANTI CLASSICO DOCG**

**PLI TOSCANA**
**SANGIOVESE IGT**

**CICLOPE TOSCANA**
**ROSSO IGT**

---

*Ein moderner, eleganter Chianti, allerdings reinsortig aus Sangiovese gekeltert (in manchen Jahrgängen gab es etwas Merlot oder Petit Verdot). Seine Kirsch- und Veilchennoten werden durch den Einfluss des zwölfmonatigen Barriqueausbaus sehr dezent geformt; er präsentiert sich am Gaumen feinwürzig, saftig und schmelzig.*

*Der Name Pli (Falte) bezieht sich erstens auf das von Hand gefaltete Etikett, zweitens auf die Philosophie von Gilles Deleuze, nach der sich die Wirklichkeit wie ein gefaltetes Tuch teilweise der Wahrnehmung entzieht, drittens auf die Lage des Weinguts. Vor einigen Jahren wurde hier ein halber Hektar mit vor Jahrhunderten angelegten Trockenmauern mühselig mit Sangioveseréeben bepflanzt. Der Pli ist das Kraftpaket von Candialle, mit tiefgängiger Frucht (Veilchenaromen), Röstaromatik, Struktur und Power. Es werden nur wenige Tausend Flaschen herge-stellt, und die auch nur in guten Jahren.*

*Das Porträt der einäugigen Hündin Lucca fällt schon auf – doch der Wein überzeugt auch am Gaumen. Er ist im besten Sinn zeitgemäß, denn der Barriqueausbau (zwölf Monate) ist nie vordergründig zu spüren. Der Wein verrät den hohen Sangioveseanteil schon im kirschi-gen Duft, mit Waldbeeren- und Veilchennoten, und fühlt sich im Mund seidig und geschmeidig an. Gute Tannine und Säure im perfek-ten Gleichgewicht.*

Sangiovese

Sangiovese

Sangiovese, Merlot, Syrah

# ANNA BARBARA VON DER CRONE

## Cantina Kopp von der Crone Visini, Schweiz

### *Unverwechselbare Weine entstehen im Kopf und im Herzen*

ANNA BARBARA VON DER CRONE KAM 1994 MIT UELI KOPP INS TESSIN. SIE HATTEN EINEN TRAUM.
SIE WOLLTEN IHR GLÜCK ALS WINZER VERSUCHEN. DOCH ES KAM ANDERS.
ANNA BARBARA VON DER CRONE MUSSTE DEN TRAUM ALLEIN WEITERTRÄUMEN UND
HAT ES GESCHAFFT, SICH FÜR IHRE WEINE EINEN SPITZENPLATZ ZU SICHERN.

Ein gemeinsames Weingut wollten Anna Barbara von der Crone und ihr Mann Ueli Kopp im Tessin errichten, ein Heim für ihre Familie. Beide hatten an der ETH Zürich in Agrarwissenschaft promoviert, zwei Kinder waren schon geboren, als die Familie sich 1994 in Gorla bei Mendrisio im südlichsten Zipfel des Tessins niederließ (zwei weitere Kinder wurden im Tessin geboren). Sie kauften Weinberge in Gorla und Sementina und richteten einen Keller in Melide bei Lugano ein. Ihr erster Jahrgang war 1995, Auftakt einer viel versprechenden Zukunft. Schon bald erregten ihre Weine Aufsehen, nicht nur der Merlot (Gorla), die klassische Sorte des Tessins, sondern auch ihre Weißweine, darunter ein Viognier und ein Arneis.

2002 geschieht das Unfassbare. Ueli Kopp verunglückt beim Abgang einer Lawine tödlich. »In einem einzigen Augenblick war alles zerstört«, erinnert sich die Winzerin. Wie viel Kraft es gekostet haben mag, das Weingut allein weiterzuführen – denn dieser Entschluss stand bald fest – , wer mag sich davon eine Vorstellung machen? Wer Anna Barbara von der Crone heute trifft, begegnet einer Frau, die Lebensmut und Optimismus ausstrahlt. »Ich werde nie vergessen, was ich damals erlebt habe«, sagt die Winzerin, »diese unglaubliche Hilfsbereitschaft der Winzerkollegen, die mich unterstützten, wo sie nur konnten.« Und dann war da Paolo Visini, der sich kurz zuvor im Tessin niedergelassen hatte und erklärte, seine zwei kleinen Weinberge lasteten ihn ohnehin nicht ganz aus. Warum nicht aus zwei Weingütern eines machen, gemeinsam sozusagen beider Träume weiterträumen? Beide mochten die Weine des anderen.

Ein paar Jahre später sind das gemeinsam bewohnte Domizil und der Keller eins geworden. Das neue, schmucke Wohn- und Kellereigebäude an der Felswand ist fertig geworden, Beton und

Holz geben klare Linien vor, hohe Fenster sorgen für immer wieder wechselndes Licht. Das Nebeneinander von Weingut und Wohnbereich genieße sie, sagt die Winzerin, für die die Arbeit einfach zum Leben gehört. Der Beruf und die Familie: Für Anna Barbara von der Crone, vierfache Mutter, ist das ein und dasselbe.

Im Untergeschoss, wo die Barriques lagern, tritt die Felswand zutage, an der der Regen ablaufen kann. Anna Barbara von der Crone möchte die Natur nahe haben. Insektizide werden nicht eingesetzt. Die Reben werden von Hand gelesen und kommen in kleinen Körben unbeschädigt zur Kelter. Die Weine mazerieren lange; die Maische wird nicht erhitzt.

Die verschiedenen Lagen, die bis auf 400 Höhenmeter liegen, prägen die Weine; Anna Barbara von der Crone und Paolo Visini legen großen Wert darauf, dass ihre Weine die Typizität der jeweiligen Herkünfte ausdrücken. Die beiden bauen die Parzellen getrennt aus, um die Terroirunterschiede zum Tragen kommen zu lassen, arbeiten jedoch im Keller zusammen. Anna Barbara von der Crone betont, »dass es nicht mehr meine und Paolo Visinis Weine gibt, sondern einfach nur noch unsere«.

Es sind vor allem die ungewöhnlichen Weißweine, die Anna Barbara von der Crone zu einer ungewöhnlichen Winzerin machen. Arneis, die Piemonteser Sorte, oder Kerner, der außerhalb Deutschlands kaum bekannt ist (eine Kreuzung aus Riesling und Trollinger, benannt nach dem schwäbischen Dichter Justinus Kerner), auch Viognier sind Sorten, die man allgemein nicht mit dem Tessin assoziiert. Der weiß gekelterte Merlot, der mit Chardonnay zu dem Weißwein Meridio vermählt wird, zeigt die innovative Kraft, die von der Winzerin ausgeht.

Merlot ist im Tessin schon lang heimisch (exakt seit 102 Jahren), er ist dort tiefsaftig, samtig-weich und voll. Anna Barbara von der Crone benutzt das Barrique behutsam; der Gota, Nachfolger des mit ihrem Mann Ueli gekelterten Gorla, reift nur in gebrauchten Fässern, während der Balin (früher Balino) länger als der Gota in teils neuen Barriques zubringt.

Ihr Lebenstraum ist gewachsen und hat Wurzeln geschlagen. So würde es sich auch Ueli Kopp vorgestellt haben.

Das neue Gebäude im klassisch-modernen Stil erlaubt das Nebeneinander von Wohnen und Arbeiten.

## DAS WEINGUT IN ZAHLEN

**CANTINA KOPP VON DER CRONE VISINI**
Via Noga
CH-6917 Barbengo
Tel. +41-91-6829616
Fax +41-91-6829618
cantina@bluemail.ch

**REBFLÄCHE**
8 Hektar

**REBSORTEN**
Merlot, Cabernet Sauvignon, Cabernet Franc, Arinarnoa (Kreuzung aus Merlot und Petit Verdot), Chardonnay, Arneis, Viognier, Kerner, Sauvignon Blanc

51

**VIOGNIER VINO DA TAVOLA**
**DELLA SVIZZERA ITALLIANA**

Die an der Rhône heimische und inzwischen auch international bekannt gewordene Weißweinsorte zählt im Tessin nicht gerade zu den verbreiteten Reben. Die Weißweinreben stehen in den höheren Hanglagen von Anna Barbara von der Crone in Barbengo. Der im Edelstahl ausgebaute Viognier ist duftig und von großer Eleganz, mit feinen Noten von Aprikosen, Pfirsichen, exotischen und Zitrusfrüchten sowie Kräutern, fast schon mediterrane Finesse.

**MERIDIO VINO DA TAVOLA**
**DELLA SVIZZERA ITALIANA**

Eine ungewöhnliche Zusammenstellung aus weiß gekeltertem Merlot (Saignée) sowie Chardonnay, die getrennt vergoren und in teils neuen Barriques ausgebaut werden. Ein kräuterwürziger, subtiler Wein mit pikanter Note und saftiger Frucht (Quitte, auch Zitrusfrüchte).

**BALIN VINO DA TAVOLA**
**DELLA SVIZZERA ITALIANA**

Der Balin besteht fast vollständig aus Merlot von den Lagen in Mendrisiotto und Sementina, dem etwas Arinarnoa zugefügt wurde. Der Ausbau nach langer Maischegärung (bis vier Wochen) erfolgt im neuen und gebrauchten Barrique und dauert 16 bis 18 Monate. Ein komplexer, tieffruchtiger, samtig-dicht gewobener Wein mit Noten von Waldbeeren, Cassis, Zigarrenkiste, eleganter Säure und grandioser Länge.

**SCALA ROSSO**
**DELLA SVIZZERA ITALIANA**

Klassisch warmer, saftiger Ticino-Merlot (geringe Anteile von Petit Verdot, Cabernet Sauvignon, Cabernet Franc und Malbec) mit Noten von Waldbeeren, reifen Brombeeren, eingelegten Pflaumen und Himbeeren, füllige Art mit perfekten Tanninen, Würze und pfeffrig-pikantem Biss. 15 Monate Barriqueausbau.

Viognier

Merlot, Chardonnay

Merlot, Arinarnoa

Merlot, Petit Verdot, Cabernet Sauvignon, Cabernet Franc, Malbec

# MARINA CVETIC

## Azienda Agricola Masciarelli, Italien

### *Doppelte Leidenschaft*

WENN GETEILTE FREUDE DOPPELTE FREUDE IST, WAS IST DANN GETEILTE LEIDENSCHAFT?
BEI MARINA CVETIC, DIE MIT EINEM SPITZENWINZER IN DEN ABRUZZEN VERHEIRATET IST,
HEISST DIE ANTWORT: WEIN MIT DEM EIGENEN NAMEN AUF DEM ETIKETT –
UND DAZU DAS EIGENE WEINGUT.

»Ich habe mein Weingut 1996 gegründet«, sagt Marina Cvetic selbstbewusst. Doch Winzerin war sie eigentlich schon vorher, und ihr Name war mit Spitzenweinen verbunden: Als Ehefrau des Abruzzenwinzers Gianni Masciarelli, der zu den besten Erzeugern Italiens gehört, gilt sie als Ideengeberin, der Masciarelli eine eigene Weinlinie widmete, Marina Cvetic. Die Rebsorten Montepulciano d'Abruzzo und Trebbiano d'Abruzzo zeigten unter dem Etikett Marina Cvetic, welches Potenzial in ihnen steckt – und errangen mehrmals die begehrten drei Gläser im Gambero Rosso. So war Marina Cvetic selbst zur Starwinzerin geworden.

Masciarelli ist ein großes Weingut mit mehreren Kellereien, verteilt im ganzen Anbaugebiet, um für die Trauben die Wege zur Kelter möglichst kurz zu halten. Die Rebfläche umfasst an die 400 Hektar. Unter dem Namen Masciarelli verließen die lokalen Rebsorten Trebbiano und Montepulciano d'Abruzzo ihr Schattendasein, um an die Spitze aufzuschließen. Gianni Masciarelli ist ein umtriebiger Macher, der Anfang der 1980er Jahre nach einem Frankreichbesuch beschloss, im Weingut seines Großvaters Giovanni ernsthaft Wein zu produzieren, anfangs nur 2.000 Flaschen.

Marina Cvetic war Chemiestudentin in Belgrad, als sie 1987 dem ambitionierten Winzer aus den Abruzzen begegnete – als der eine Genossenschaft in Kroatien besichtigte. 1989 heiraten die beiden. Marina taucht mit Elan, Energie und Begeisterung in die Welt des Weinguts ein, kümmert sich um das Marketing, entwickelt Ideen. Eine der beiden Spitzenlinien des Weinguts (die andere heißt Villa Gemma) trägt seit 1991 ihren Namen nicht nur aus Dankbarkeit und als Liebesbeweis; es ist auch ihre Handschrift. Der Trebbiano d'Abruzzo Marina Cvetic erregte sofort die Aufmerksamkeit der Kritiker. Galt diese Sorte bisher nicht als langweilig, als anspruchslos? Dieser Trebbiano

Der Name Masciarelli steht für eine ganze Reihe von Weingütern. Im malerisch zwischen Adria und dem Monte Maiella gelegenen 1000-Seelen-Dorf San Martino sulla Marrucina befindet sich auf rund 400 Meter Höhe das repräsentative Anwesen, der Sitz der Familie Masciarelli.

## DAS WEINGUT
## IN ZAHLEN

---

### AZIENDA AGRICOLA
### MASCIARELLI
Via San Silvestro 10
I-66010 San Martino sulla
Marrucina (CH)
Tel. +39-0871-85241
Fax +39-0871-85330
marinacvetic@masciarelli.it

### REBFLÄCHE
160 Hektar

### REBSORTEN
Montepulciano d'Abruzzo,
Trebbiano d'Abruzzo

war – ungewöhnlich lange – im Barrique ausgebaut, nach modernsten Verfahren schonend und mit Leidenschaft vinifiziert wie nur irgendein großer Cru der Welt.

Als »neugierig und aktiv« beschreibt sich Marina selbst. Wer Ideen hat und wie sie vom »Weinvirus« befallen ist, will nicht nur Namensgeberin sein, sondern auch selbst Wein machen, Wein machen von A bis Z. Ja, es geht auch darum, zu zeigen, dass Frauen außergewöhnlichen Wein machen können. Die energische Marina findet, dass der Markt dies noch nicht genügend berücksichtige: »Frauen müssen leider härter arbeiten.«

Die Azienda Marina Cvetic, 160 Hektar groß, ist Teil der Masciarelli-Gruppe als Weingut, in dessen Keller die Winzerin eigenverantwortlich arbeitet. Das Ergebnis heißt Iskra und ist ein Montepulciano d'Abruzzo, von dem rund 45.000 Flaschen im Jahr erzeugt werden. »Iskra« heißt Funke. Mit dem Erstlingsjahrgang 2003 zeigt sich ein aufregender, sein Terroir betonender Wein, der wie eine spanische Gran Reserva zwölf Monate im Barrique und 24 Monate in der Flasche reifend verbracht hatte.

Montepulciano d'Abruzzo als Terroir-Wein? »Zu mindestens 50 Prozent ist das Terroir Teil des Endergebnisses«, weiß Marina Cvetic und ist sicher, dass der Funke überspringt. Weinleidenschaft hat die Angewohnheit, sich fortzupflanzen.

**ISKRA**
**COLLI APRUTINI ROSSO IGT**

**MARINA CVETIC**
**MONTEPULCIANO D'ABRUZZO DOC**

**MARINA CVETIC**
**TREBBIANO D'ABRUZZO DOC**

*Dieser Wein zieht den Genießer sozusagen an der Nase in sein schmeichlerisch-voluminöses Innenleben hinein. Der elegante Duft nach schwarzen Beerenfrüchten, mediterranen Kräutern und etwas Räucherfleisch ist ebenso verführerisch wie die opulente, jedoch bei aller Samtigkeit doch mineralisch fundierte und strukturierte Frucht; ein komplexer, hochfeiner, dabei moderner Wein von Format – satt, aber nicht schwer.*

*Schwarze Beeren (Brombeer) und Vanille, dazu etwas Leder und Schokolade: ein stabiler, vom Holz ausgewogen strukturierter Wein bei saftiger Fruchtsäure. Hier offenbart die Montepulcianotraube ihr wahres Potenzial als Referenzwein internationaler Prägung; vortrefflich zu Schmorgerichten, Wild, Lamm und anderen Köstlichkeiten aus dem mediterranen Raum.*

*Trebbiano vom Feinsten: goldgelb, mit eleganter Barriquenase (Toast, Kräuter, Haselnuss) zu reifen Apfelnoten und Nuancen von tropischen Früchten (Ananas), überzeugt dieser außergewöhnlich lang im Barrique gereifte Trebbiano am Gaumen mit einem Potpourri von weißen Früchten (Apfel, Birne, Melone) und saftiger Frische bei guter Holzstruktur.*

Montepulciano d'Abruzzo

Montepulciano d'Abruzzo

Trebbiano d'Abruzzo

# ESTELLE DAURÉ

### CHÂTEAU DE JAU, LES CLOS DE PAULILLES, FRANKREICH

WEINKLASSIKER MÜSSEN NICHT IMMER IN PREISREGIONEN ANGESIEDELT SEIN,
IN DENEN DIE LUFT FÜR NORMALVERDIENER DÜNN WIRD.
ESTELLE DAURÉ BEWEIST MIT IHREM CHÂTEAU DE JAU SEIT JAHREN BODENHAFTUNG.
UND FANTASIE.

Estelle Dauré führt ein Weinimperium mit mehreren Gütern im Roussillon und einem in Chile. Sie gehört also zu den französischen Weinunternehmern, die auf dem globalen Markt mitspielen – mit Erfolg. Und sie ist durchaus und bewusst Winzerin, schlank, meridionaler Typ mit dunklen Haaren und schwarzen Augen. Ihr Weingut in Chile heißt Las Niñas, die Mädchen, und steht tatsächlich unter rein weiblicher Leitung. Das Etikett eines ihrer Weine zeigt einen roten, hochhackigen Damenschuh: Tacón Alto, High Heel heißt er. Die Waffen einer Frau?

Nicht unbedingt. Die weibliche Leitung des Chile-Weinguts im Valle de Apalta ergab sich, weil die handelnden Personen aus den drei beteiligten Familien und die Weinmacherin Laurence Real zufällig Frauen sind. Und der Tacón Alto ist ein augenzwinkerndes Echo der französischen Topcuvée Talon Rouge. Die führt uns ins Roussillon, in das Tal des Flüsschens Agly, wo die Brüder Jean und Bernard Dauré Anfang der 1970er Jahre Château de Jau kaufen. Wo einst Zisterziensermönche lebten, die Witwe des Heeresbeauftragten König Ludwigs XVI. ein Schloss errichten ließ und später Seidenraupen gezüchtet wurden, ist heute der Stammsitz der Familie mit stolzen 134 Hektar Rebland.

Estelle, die Tochter von Bernard und Sabine Dauré, hilft schon als Dreizehnjährige ihrer Mutter im »Grill«, dem Restaurant des Châteaus. Damals wurde Sabine Dauré vom Präfekten gebeten, ein Essen auszurichten – für die Frau des Präsidenten Valéry Giscard d'Estaing und 50 Jungbauern. Das damals entworfene Menü kann jeder Besucher noch heute unter einem dreihundert Jahre alten Maulbeerbaum im Hof kosten: Brot mit Tomaten und Olivenöl, Serranoschinken, Lammkoteletts – die einfache Landküche. Bis heute liegt der

Das Château de Jau, ein ehemaliger Wohnsitz von Zisterziensern und in seiner heutigen Form Ende des 18. Jahrhunderts erbaut, ist längst ein Schmuckstück geworden. Einst beherbergte es eine Seidenraupenzucht, von der auch der uralte Maulbeerbaum zeugt. Dort ist heute die von Estelles Mutter eingerichtete Kunstausstellung zu besichtigen.

Geschäftsfrau die Gastronomie am Herzen: »Wenn man Wein am Tisch beim Essen probiert, ist die Atmosphäre ganz anders. Wein ist doch nicht dazu da, um Medaillen zu gewinnen.« Auch in ihrem Weingut Clos des Paulilles gibt es ein Restaurant, ein gastfreundliches. Seit sie selbst Kinder habe, wisse sie, dass für Leute mit Kindern ein Restaurantbesuch problematisch sein könne: »Deshalb haben wir einen getrennten Raum für Kinder mit einem Babysitter, damit die Eltern in Ruhe ihr Essen genießen können.« Sternetempel, in denen der Gast nur ehrfürchtig flüstern darf, sind ihr ein Gräuel. Als guter Gastgeberin liegt ihr das Wohlbefinden ihrer Gäste am Herzen. Deswegen hat sie eigens Decken gekauft, damit man an kühlen Abenden draußen nicht friert.

Die Winzerin, seit 1995 für die Weine verantwortlich, hat nie den Blick für die Lebenswirklichkeit verloren. Dass zu dieser auch Ästhetik gehört, merkt man nicht nur in der Kunstgalerie Centre d'Arts Plastique, die die übrigens aus Deutschland stammende Mutter Sabine gegründet hat und in der viele zeitgenössische Künstler ausgestellt haben. Einer der erfolgreichsten Weine ist der Jaja de Jau, ein saftig-beeriger Trinkwein, Inbegriff des unkomplizierten Landweins. Jaja ist ein lokaler Ausdruck für einen solchen Wein, in manchen deutschen Regionen würde man »Schoppen« dazu sagen. Die Idee kam den Daurés eines Abends beim Essen. »Wir hatten den Eindruck, dass Wein ein bisschen zu mondän wurde. In Paris wurden festliche Galas veranstaltet, um Weine mit Designeretiketten zu lancieren. Aber Wein ist doch keine Religion. Wein ist zum Trinken da«, erinnert sich Estelle Dauré. Ihr Bruder schlug den simplen Namen vor, der befreundete Künstler Ben Vauthier gestaltete das Etikett – ein Markterfolg war geboren. Die vier Farben der Etiketten machen die Unterscheidung der vier Typen des Jaja leicht.

Château de Jau war schon in den 1980er Jahren als Stern im Roussillon aufgestiegen. Damals wunderten sich die Nachbarn, warum Bernard und Jean Dauré eine mit Garrigue, dem wilden meridionalen Sträuchergestrüpp, bewachsene Hochebene rodeten und mit Reben bepflanzten. Den »Friedhof« nannten sie das Gelände spöttisch – heute eine der Spitzenlagen, vom Wind umweht. Estelle Dauré kümmerte sich zu Anfang um die kommerzielle Seite. Schon bald kamen weitere Güter in Frankreich hinzu: Les Clos de Paulilles, herrlich gelegen mit Blick auf das Mittelmeer, in der Appellation Collioure (praktisch deckungsgleich mit der Süßwein-AOC Banyuls) und das kürzlich aufgegebene Mas Cristine am Fuß der Pyrenäen. Dort wurde vor allem ein einzigartiger Rivesaltes gekeltert.

Im Keller von Jau, der klimatisiert und mit modernen Stahltanks ausgestattet ist, gibt es auch Barriques, die jedoch nur für die Collioureweine verwendet werden. Estelle Dauré möchte im Château de Jau das Terroir und die traditionellen Rebsorten Syrah, Grenache, Mourvèdre möglichst

Seit 1974 bewohnt die Familie Dauré das Château de Jau mit seiner leuchtend rotbraunen Fassade, das 20 Kilometer von Perpignan entfernt in einer wildromantischen Landschaft liegt. Inmitten von Olivenbäumen, Zypressen, Garrigue und Reben haben sich die Daurés ein Paradies geschaffen, in dem die Zeit still zu stehen scheint.

## DAS WEINGUT
## IN ZAHLEN

---

### CHÂTEAU DE JAU
F-66600 Cases de Pène
Tel. +33-4-68389010
Fax +33-4-68389133

### REBFLÄCHE
134 Hektar (Château de Jau)
90 Hektar (Les Clos de Paulilles)
160 Hektar (Viña Las Niñas, Chile)

### REBSORTEN
Syrah, Mourvèdre, Grenache Noir,
Carignan, Muscat à petits grains,
Muscat d'Alexandrie, Cabernet
Sauvignon, Merlot, Carmenère,
Viognier, Malvoisie, Vermentino
(Rolle), Macabeu, Grenache Blanc

deutlich zum Ausdruck bringen. Da würden Holzaromen nur stören. Und in Übersee? »Man hat natürlich mehr Freiheit«, sagt Estelle Dauré, die ihre Investition in Chile nicht nur mit Weinleidenschaft, sondern auch mit handfesten steuerlichen Gründen erklärt.

Lange hatten die Daurés nach einem geeigneten Stück Land gesucht und waren 1997 in Chile fündig geworden. Das moderne Gebäude, ein Kubus, steht im Gegensatz zum ehrwürdigen Château im Roussillon. Aber auch diese Weine, nach chilenischer Art fruchtbetont vinifiziert, sind für das wirkliche Leben gedacht. »Alle Produkte geben auf der Verpackung ein Versprechen, man sieht schon, wie sie schmecken. Nur beim Wein ist das anders«, sagt Estelle Dauré. Deshalb tragen die Weine der Aromaserie Bilder der Früchte auf dem Etikett: roter Paprika für den Cabernet Sauvignon, Limonen für den Sauvignon Blanc, Himbeeren für den Syrah. Einige der chilenischen Weine tragen auf dem Etikett die Porträts der Frauen, die sie gemacht haben. Die Besonderheit: Diese Porträts werden regelmäßig aktualisiert, altern also auf natürliche Weise von Jahrgang zu Jahrgang. Frauen wie Estelle Dauré haben nämlich kein Problem damit, sich darzustellen, wie sie wirklich sind. Authentisch wie die Weine.

Estelle Dauré ist leidenschaftliche Gastgeberin und viel beschäftigte Winzerin. Und sie hat den Kopf voller neuer Ideen. Es muss an der südfranzösischen Lebensart liegen, dass sie bei alledem immer noch Momente der Entspannung findet.

**CHÂTEAU DE JAU**
**CÔTES DU ROUSSILLON VILLAGES AOC**

**LE JAJA DE JAU**
**VIN DE PAYS D'OC**

**TALON ROUGE**
**CÔTES DU ROUSSILLON VILLAGES AOC**

**GRAND ROUSSILLON AOC**

*Der Klassiker von Estelle Dauré, zu wirklich zivilem Preis übrigens. Klassische Brombeer- und Kirschnoten (auch Veilchen, Leder) mit südlicher Würze, die ihm etwas Ursprünglich-Bodenständiges verleiht. Die Carignantrauben werden durch die Mazeration (Kohlensäuremaischung der ganzen Beeren) sehr fruchtbetont vinifiziert. Saftige Frucht aus Carignan, Grenache, Mourvèdre und Syrah, die zur mediterranen Fleischküche bestens passt.*

*Ein süffiger Tropfen. Beeren- und Kirschnoten (auch Morellen), mittelstarke Konzentration, mehr Säure als Gerbstoffe – so lässt er sich auch leicht gekühlt jederzeit genießen. Die füllige Grenache spielt sensorisch die Hauptrolle in der Cuvée, zu der der Syrah feine Würznoten beisteuert. Der Jaja wird auch sortenrein als Carignan, Syrah oder Cabernet ausgebaut, außerdem gibt es ihn als Rosé und Weißwein.*

*Gediegene Premiumcuvée mit hohem Syrahanteil (dazu Mourvèdre und etwas Grenache), geschmeidige Tannine, beerenfruchtiger Saft mit Tiefe und Eleganz, sehr sorgfältig gemacht. Bei diesem Wein hat man sich Zeit gelassen, nicht nur bei der Auswahl der Trauben, sondern auch bei der mehrwöchigen Mazeration.*

*Die AOC (seit 1972) gehört zu den bekannten Vins Doux Naturels, den Süßweinen des Roussillon. Hauptbestandteile sind Muscat à petits grains und Muscat d'Alexandrie, Grenache, Macabeo. Dazu können andere Sorten zu geringen Anteilen verwendet werden. Mirabellensüße und Akazienblüten-Aromen mit erdigen Noten, ein feiner Genuss zum Dessert unter dem Maulbeerbaum.*

Syrah, Mourvèdre, Carignan, Grenache Noir

Grenache, Carignan, Syrah, Cabernet Sauvignon

Syrah Mourvèdre, Grenache Noir

Macabeu, Muscat à petits grains

# BIRGIT EICHINGER

## WEINGUT BIRGIT EICHINGER, ÖSTERREICH

*Unverwechselbare Weine entstehen im Kopf und im Herzen*

SIE MACHT NUR WEISSWEINE. HERAUSRAGENDE WEISSWEINE.
AN IHREM VELTLINER VOM GAISBERG ODER DEM GOLIATH MÜSSEN ANDERE SICH MESSEN LASSEN.
BIRGIT EICHINGER HAT IHREN STAMMPLATZ AN DER QUALITÄTSSPITZE ÖSTERREICHS
MIT EHRGEIZ UND KÖNNEN ERREICHT.

Die Geschwindigkeit, mit der sich die agile Winzerin Birgit Eichinger an der Spitze Österreichs etabliert hat, ist bemerkenswert. Ihre kraftvollen Weine setzen Maßstäbe und erreichen regelmäßig bei internationalen Wettbewerben erste Plätze. Das Weingut hat Birgit Eichinger zusammen mit ihrem in der Baubranche tätigen Mann Christian erst 1992 gegründet. Es ist ein Teil des elterlichen Betriebes, der zwischen ihr und Schwester Michaela geteilt wurde. Michaela war die Älteste, und Birgit musste sich erst einmal mit ihrem Berufswunsch durchsetzen. Bei ihrem Temperament gelang das leicht.

Zunächst waren es knapp vier Hektar, die zu bewirtschaften waren. Mit der Zeit kam mehr Rebfläche hinzu. Gaisberg, Heiligenstein: In diesen Spitzenlagen reifen die Trauben für Birgit Eichingers monumentale Weine. »Eleganz und Kraft« wolle sie ihren Weinen verleihen, sagt die Winzerin, vor allem aber auch »eine individuelle Handschrift«. Und die trägt hinsichtlich der Sorten traditionelle Züge: Birgit Eichinger produziert ausschließlich Weißweine, vor allem von Sorten, die im Kamptal heimisch sind. Neben dem Grünen Veltliner und dem Riesling (Heiligenstein!) ist das der Rote Veltliner, der trotz seines Namens ebenfalls einen weißen Wein liefert. Einzige internationale Ausnahme ist der Chardonnay.

Der Keller ist nach allen Regeln der modernen Weinmacherkunst angelegt. Birgit Eichinger vinifiziert ihre Weine nahezu ausschließlich in Edelstahltanks. Nur der Veltliner Goliath wird im 1000-Liter-Holzfass ausgebaut. Das Barrique wird für den Grünen Veltliner und den Chardonnay eingesetzt – je nachdem, was der Jahrgang hergibt. Eine Besonderheit, auf die Birgit Eichinger zu Recht stolz ist, ist die »Weinbibliothek«: In einem zwei Stockwerke hohen Kellerraum ruhen in

Bei Birgit Eichinger lagern alte Jahrgänge nicht hinter Gittern, sondern zugänglich wie in einer Bibliothek. Der zwei Stockwerke hohe Raum ist das Zentrum des Weinguts, „das Gedächtnis", sagt die Winzerin

**DAS WEINGUT
IN ZAHLEN**

---

**WEINGUT BIRGIT EICHINGER**
Langenloiser Straße 365
A-3491 Strass im Strassertal
Tel. +43-2735-56480
Fax + 43-2735-56488
www.weingut-eichinger.at

**REBFLÄCHE**
10 Hektar

**REBSORTEN**
Grüner Veltliner, Riesling,
Chardonnay, Roter Veltliner

hölzernen Regalen wie in der Bibliothek eines Klosters die Schätze des Weinguts. Ringsum auf halber Höhe kann man auf einer Balustrade wandeln und die Flaschen betrachten. »Das ist das Gedächtnis unseres Betriebes«, sagt die Winzerin, die sich hier aufhält, so oft es ihre Zeit erlaubt.

Gerne denkt sie an das Jahr 1997 zurück, als ihre Tochter Gloria geboren wurde. Damals gab es einen besonders guten Veltliner, der erst im November geerntet wurde. »Ein gutes Weinjahr hat sie sich ausgesucht«, freut sich Birgit Eichinger. Ihre anderen »Kinder«, die Weine, erfüllen sie mit ebenso viel Freude und Glück wie ihre Tochter. Für die Winzerin ist der Wein jedes Jahr aufs Neue faszinierend, eben »Rätsel und Frage«.

Die Leidenschaft, mit der sie ihre Weine macht, vermittelt Birgit Eichinger gerne ihrem Publikum, wenn sie sie bei Veranstaltungen präsentiert. Mit einigen Kollegen bildet sie die Gruppierung »Vinovative«, die sich den österreichischen Spitzenweinen verschrieben hat: jeder ein Solist, aber zusammen ein Klang höchster Qualität. Auch bei der Vereinigung »Elf Frauen und ihre Weine« ist Birgit Eichinger aktiv. Schließlich war sie eine der drei Gründerinnen.

Die Etiketten ziert ein fast verspielt wirkender Bacchuskopf. Der Knabe hat es freilich in sich, denn Birgit Eichingers Weine sind meist sehr kräftig, haben dabei aber viel Schliff. Es sind, wohlgemerkt, keine Alkoholmonster, sondern Weine, die aus ihren Lagen das Maximale extrahieren. Die Erträge sind dafür niedrig genug, rund 30 Hektoliter pro Hektar beispielsweise für den Goliath. Auch ihr Roter Veltliner – ein schmelzig-duftiger Wein! –, der seinen Namen von der rötlichen Farbe der Traube herleitet und laut Birgit Eichinger vielleicht nur ein »entfernter Verwandter« des Veltliners ist, kommt nicht in großen Mengen auf den Markt.

Große Leidenschaft bringt starke Weine hervor. Birgit Eichinger liefert den Beweis dafür: Mit dem Riesling Heiligenstein aus dem mächtigen Jahrgang 2003 gewann sie eine internationale Trophäe eines englischen Fachmagazins, sozusagen gegen den Rest der gesamten Rieslingwelt. Doch so wichtig Auszeichnungen und Preise für die Vermarktung auch sind, Birgit Eichinger geht es zuallererst um die Lebensfreude, die ihre Weine vermitteln.

**GRÜNER VELTLINER GOLIATH**

Das Flaggschiff unter den Veltlinern wird nur in außergewöhnlichen Jahrgängen vinifiziert. Die Trauben stammen aus den Rieden Gaisberg und Wechselberg. Diese Lössböden auf Verwitterungsgestein zählen zu den Spitzenlagen des Kamptals. Die Vergärung erfolgte im 1000-Liter-Fass aus französischer Eiche. Die Nase ist intensiv und konzentriert mit feinen Vanillenoten und schöner Würze, das Mundgefühl dicht und geschliffen, zugleich spürt man das enorme Potenzial.

**RIESLING HEILIGENSTEIN**

Dies ist ein voluminöser Riesling mit großer Fülle und Extraktdichte, saftig, würzig und fest strukturiert. Die mineralische Säure sorgt bei aller Dichte für die nötige Leichtigkeit. Das Terroir des Heiligensteins zählt zu den besten Rieslingböden der Welt: Sandstein-Verwitterungsboden mit vulkanischen Konglomeraten; eine nur dünne Humusschicht treibt die Wurzeln in die Tiefe. Günstig wirken sich die kühlen Nächte sowie die Wärmespeicherfähigkeit des Gesteins aus.

**ROTER VELTLINER WECHSELBERG**

Von kristallinen Verwitterungsböden mit Schieferanteilen stammt dieser seltene Weißwein. Zauberhafte Aromatik mit Birne, Apfel, Grapefruit und exotischen Früchten, schmelzig und feinwürzig (grüne Kräuter). Birgit Eichinger empfiehlt ihn zu Austern: »Vergessen Sie Chablis!«

**RIESLING GAISBERG**

Der Gaisberg bringt einen wunderschönen, stimmigen Riesling hervor mit intensiven Zitrus- und Pfirsichnoten, mineralischem Spiel und Tiefgang. Auch hier große Fülle im Mund, herrlich vielschichtig. Die Böden dieser Riede, die sich östlich an den Heiligenstein anschließt, sind vielfältig. Im oberen, terrassierten Teil herrschen beste Bedingungen für den Riesling: Glimmerschiefer-Verwitterungsboden mit Braunerde-Auflage.

Grüner Veltliner

Riesling

Roter Veltliner

Riesling

# COLETTE FALLER

## DOMAINE WEINBACH, FRANKREICH

### *Wir sind ein bisschen konservativ*

COLETTE FALLER IST DER INBEGRIFF EINER GRANDE DAME.
MIT IHREN TÖCHTERN CATHERINE UND LAURENCE
VERKÖRPERT SIE ELSÄSSISCHE SPITZENWEINE. DIE WEINE DER DOMAINE WEINBACH
SIND BIS HEUTE VON KONSTANTER GRÖSSE .

Colette Faller ist eine imponierende Erscheinung. Elegant gekleidet, sorgfältig frisiert, gepflegt bis ins Detail, mit aufmerksamer Freundlichkeit, so steht sie dem Besucher im holzgetäfelten Raum der Domaine Weinbach gegenüber. Schon vor einem Vierteljahrhundert sah es dort so aus wie heute. An der Wand hängen Schwarz-Weiß-Fotografien. »Wir sind ein bisschen konservativ«, sagt die Winzerin und lächelt. Geschäfte und Weine liegen heute in der Verantwortung der beiden Töchter Catherine und Laurence. Doch man spürt, Colette Faller ist überall gegenwärtig. Noch bis vor wenigen Jahren stand auf den Etiketten in schöner Schreibschrift: Colette Faller et ses filles. Zwischenzeitlich hat man das ersetzt durch: Colette, Laurence et Catherine Faller. Davon abgesehen sind die Etiketten so, wie sie immer waren. Modernes Design? Ihnen gefalle es so, sagt die Winzerin freundlich, aber entschieden.

Freundlich, aber bestimmt. Diese Worte beschreiben Mme Faller gut. Wie sonst hätte sie vor fast drei Jahrzehnten, als ihr Mann gestorben war, die Leitung des Weinguts übernehmen und die Domaine zur Spitze des elsässischen Weinbaus führen können? Damals – sie hatte vom Weinmachen wenig Kenntnis und hat nie ein Önologiestudium absolviert – war eine Frau als Winzerin noch recht ungewöhnlich. Doch sie wusste immer, was sie wollte. Ihre Weine sollten, so sagt sie, »vollmundig, reintönig, ausgewogen, typisch« sein.

Colettes Ehemann Théo Faller hat für den Elsässer Weinbau Geschichte geschrieben. Sowohl die Anerkennung als AOC als auch die große Rolle der einzelnen Terroirs und Crus gehen auf seine visionäre Initiative zurück. Nach seinem Tod ließ ihn Colette Faller inmitten des Clos des Capucins begraben. Von dort stammen die Rieslinge und der Gewürztraminer Cuvée Théo.

Die Domaine liegt außerhalb von Kaysersberg, der Geburtsstadt von Albert Schweitzer, und wurde 1612 von Kapuzinermönchen errichtet. 1898 erwarben sie die Brüder Faller. Der fünf Hektar große Clos des Capucins ist ein Weinberg, der schon 890 in einer Schenkungsurkunde erwähnt wird. Die Fallerschen Weine sind Monumente, Monumente der barocken Art. Im Duft von oft zurückhaltender Eleganz, entfalten sie im Mund die Fülle ihres Terroirs. Zu Ehren ihrer Töchter hat Colette Faller die besten Weine nach ihnen benannt: Cuvée Laurence und Cuvée Sainte Catherine.

Catherine Faller ist zuständig für die Vermarktung. Laurence Faller macht seit 1994 die Weine. Die ernste und nachdenklich anmutende Frau mit den glatten blonden Haaren strahlt die gleiche Energie und Zielstrebigkeit aus wie ihre Mutter. Sie studierte Chemie und Önologie und machte dazu einen Abschluss in Business Administration, dem dann noch ein Praktikum in Kalifornien folgte. Das, so meint sie, gehöre im Zeitalter der Globalisierung heute zum Rüstzeug einer Weinmacherin. Da ihr Partner

Einst arbeiteten hier Kapuzinermönche. Der von einer Mauer umfasste Clos des Capucins liegt direkt an der stattlichen Domaine. Dieser Weinberg ist seit dem 9. Jahrhundert dokumentiert und bringt heute einen der charaktervollsten Faller-Weine hervor.

in Deutschland lebt, ist sie sehr oft dort und erlebt die Dynamik des deutschen Weinbaus der vergangenen Jahre aus der Nähe mit.

»Ein bisschen konservativ« wollen die Fallers aber im Zeitalter der Globalisierung wohl bleiben, konservativ im Sinne von erhalten, bewahren. Seit 1998 wird, zunächst auf rund einem Drittel der insgesamt 27 Hektar Rebfläche, seit dem Jahrgang 2005 durchwegs biologisch-dynamisch gewirtschaftet. »Wir streben den vollkommenen Wein an«, sagt Laurence, die von ihrer qualitätsbewussten und kompromisslosen Mutter Colette eine Perfektionistin genannt wird. Die Biodynamie, auch biologisch-dynamische Wirtschaftsweise genannt, lasse die Reben im Einklang mit ihrer Umgebung gedeihen und verbessere den Ausdruck des Terroirs und die Komplexität in den Weinen. Davon ist Laurence Faller überzeugt: »Die Weine sind authentischer und auf jeden Fall einzigartig.«

Für Laurence Faller ist die Arbeit als Weinmacherin unabhängig vom Geschlecht. Dennoch sei es so, dass die männlichen Kollegen immer genau hinschauten und vielleicht auch neidisch sein könnten auf den Erfolg einer Frau.

Laurence Faller führt das Weingut im Sinne ihrer Mutter Colette weiter. Mit Chemiestudium, einem Önologie-Diplom sowie einem Business-Abschluss verkörpert sie die moderne, vielseitig ausgebildete und erfahrene Weinmacherin.

Traditionelle und moderne Kellertechnik bilden in der Domaine Weinbach ein harmonisches Miteinander, das Traditionelle scheint zu überwiegen. Nur wenig wird das Barrique eingesetzt. Die großen Holzfässer geben den Weinen Stabilität und sorgen für leichten Sauerstoffkontakt.

Der bis 400 Meter hohe, terrassierte Schlossberg war 1975 die erste Grand-Cru-Lage des Elsass (heute gibt es 51!) und ist schon seit dem 15. Jahrhundert für seine exzellenten Weine bekannt. Fast alle Rieslingweine der Domaine Weinbach wachsen auf dem Schlossberg. Das Terroir besteht aus mehr oder weniger tiefgründigen Böden auf Granit und bringt erdverbundene, charaktervolle, sehr komplexe Rieslinge hervor. 2004 wurde aus der gleichen Lage, aber ausschließlich aus alten Reben gekeltert, der Inédit abgefüllt, eine spät gelesene Köstlichkeit, die im Glas völlig alterslos zu sein scheint, ausdrucksvoll, apart und vielschichtig.

Während der Schlossberg ein Granit-Terroir besitzt, ist die Grand-Cru-Lage Furstentum (bei Kientzheim und Sigolsheim gelegen) von Kalk, Kies und Geröll gekennzeichnet. Das verleiht den Weinen einen anderen Ausdruck: komplex und mächtig. Die Steillage ist nach Süden ausgerichtet. Hauptsächlich Gewürztraminer wird von den Fallers in diesem Grand Cru angebaut, der schon 1330 in einer Inventarsliste des Klosters in Basel erwähnt wird. Ähnliche Bodenverhältnisse prägen den Grand Cru Mambourg, ebenfalls eine Südhanglage, sowie Altenbourg, der an Furstentum grenzt. Dort steht neben Gewürztraminer auch Pinot Gris im Anbau. Der Boden ist dort etwas tiefgründiger und hat einen höheren Sandgehalt als Furstentum. Eine weitere Grand-Cru-Lage, Marckrain, liegt in der Gemeinde Bennwihr (Gewürztraminer).

Allen Weinen der Fallers – vom Sylvaner bis zum Gewürztraminer – ist eine Art selbstverständlicher Stabilität eigen, die schwer zu beschreiben, aber sofort zu erschmecken ist. Sie sind Ausdruck der Konsistenz des Denkens der Fallers: geradlinig, im Boden verwurzelt, bewusst. Das hat Größe. Die Weine der Domaine Weinbach gehören zum Besten, was im Elsass erzeugt wird, und repräsentieren die Region auf vielen Tafeln in aller Welt. So gesehen sind Colette Faller und ihre Töchter Laurence und Catherine Botschafterinnen nicht nur des elsässischen, sondern des französischen Weins.

## DAS WEINGUT IN ZAHLEN

### DOMAINE WEINBACH
25, route du vin
F-68240 Kaysersberg
Tel. +33-3-89471321
Fax +33-3-89473818
www.domaineweinbach.com

### REBFLÄCHE
27 Hektar

### REBSORTEN
Riesling, Gewürztraminer, Pinot Blanc, Pinot Gris, Sylvaner, Muscat, Pinot Noir

**CUVÉE S<sup>TE</sup> CATHERINE
RIESLING SCHLOSSBERG
GRAND CRU**

**CUVÉE LAURENCE
GEWURZTRAMINER ALTENBOURG**

**FURSTENTUM GRAND CRU
GEWURZTRAMINER
VENDANGE TARDIVE**

---

*Seit 1984 spät gelesen und die Rieslingtrauben vom Schlossberg am Namenstag der heiligen Katharina (25.11.) eingebracht, trägt die Cuvée aus Trauben ausgewählter Parzellen den Namen der Tochter. Wie alle Fallerweine zurückhaltende, mineralische Nase, dann am Gaumen explosive, mineralische Frucht mit tropischen und würzigen (Anis) Anklängen, feine Note von Leder, cremig-üppige Konsistenz bei pikanter Säure und großartiger Länge.*

*Die Elsässer Gewürztraminer gehören zu den Paradeexemplaren dieser Rebsorte. Aus dem an die Lage Furstentum angrenzenden Lieu-dit Altenbourg (kein Grand Cru) keltert Laurence Faller einen wunderbar vielschichtigen, saftig-üppigen und sehr lebendigen Wein, der in seiner grandiosen Klarheit und Kraft überzeugt.*

*Der Grand Cru Furstentum, ein nach Süden ausgerichteter Hang, ist schon 1330 urkundlich erwähnt. Die Kalksandstein- und Mergelböden eignen sich besonders für den Gewürztraminer, dem sie Eleganz und Körper gleichermaßen verleihen. Die Vendange Tardive bezaubert mit einem ungeheuer appetitlichen, feingliedrigen Duft von Rosenblüten und tropischen Früchten. Dicht und tief am Gaumen, präsentiert sie sich nuancenreich und üppig-schmelzig, dabei sehr lebendig.*

Riesling

Gewürztraminer

Gewürztraminer

# CLÁUDIA FAVINHA

*Weinmachen ist Teamarbeit*

CLÁUDIA FAVINHA IST WEINMACHERIN. WEINGÜTER SIND KUNDEN DER JUNGEN FRAU, DIE MIT KNAPP 30 JAHREN SCHON EINE BEACHTLICHE INTERNATIONALE ERFAHRUNG AUFWEISEN KANN. MINDESTENS EBENSO ANSEHNLICH IST DIE REIHE DER AUSZEICHNUNGEN, DIE IHRE WEINE BEKOMMEN HABEN. MIT ZWEI KOLLEGEN HAT SIE EINE FIRMA GEGRÜNDET, DENN FÜR SIE IST IHR BERUF IMMER VON DER ZUSAMMENARBEIT MIT MENSCHEN GEPRÄGT.

»Wir verwandeln Ideen in Weine.« Das klingt wie ein pfiffiger Slogan für ein Unternehmen, und das ist es auch. Für die Weinmacherin Cláudia Favinha ist es aber mehr als ein Werbespruch. Dahinter steckt Philosophie und ihre ganze Leidenschaft. Und ein Erfahrungsschatz, der von Kalifornien über Australien bis in die meisten der wichtigen Anbauregionen Portugals reicht.

Als Weinmacherin, die zurzeit fünf Weingüter verantwortlich koordiniert und bei anderen Projekten ihrer gemeinsam mit zwei Önologen im Jahr 2007 gegründeten Firma WineID mitwirkt, vervielfacht sich diese Erfahrung schnell. »Für jeden Kunden versuche ich, mir genau vorzustellen, wie der Wein optimal zu sein hat«, beschreibt sie ihre Arbeit. Sie stellt sich jeden Wein vor, denkt sich in ihn hinein und identifiziert sich mit ihm.

»Egal ob du im Bordelais, in Australien oder an der Algarve bist: Der Faktor Mensch ist immer der wichtigste. Menschen arbeiten zusammen für ein gemeinsames Ziel, und alle müssen motiviert sein – von den Arbeitern im Weinberg bis zum Chef«, fasst sie ihre Erfahrungen zusammen. Derzeit ist sie viel an der Algarve im Süden Portugals tätig, unter anderem in der Kooperative von Lagos, die mit der Genossenschaft in Lagoa fusionieren wird und als Adega do Algarve die bislang wenig bekannte Anbauregion zu einer Marke machen will.

Seit dem Jahr 2000 arbeitet die in Lissabon geborene Cláudia Favinha im Weinbereich. Sie entstammt keiner Weinfamilie; ein Bruder ist im Agrarbereich tätig. Erst während ihres Agraringenieur-Studiums eröffnete sich ihr durch begeisterte Kommilitonen und einen enthusiastischen Weinbauprofessor die Welt des Weins, die sie dann während eines Praktikums in Kalifornien vollends als ihre Leidenschaft entdeckte, was sie dann mit einem Önologieabschluss krönte.

**DIE FIRMA
IN ZAHLEN**

**WINEID**
Tapada da Ajuda 84 1D
Inovisa – Instituto de Superior de
Agronomia
P-1349-017 Lissabon
Tel. +351-213-147297
Fax +351-213-630284
www.wineid.pt

**WEINGÜTER**
Quinta do Francês, Quinta da
Vinha, Quinta do Outeiro, João
Clara Vinhas, Adega Cooperative
Lagos u. a.

Es folgten viele Praktika und Arbeitsaufenthalte auf Weingütern in Portugal – das erste war José Maria da Fonseca auf der Halbinsel Setúbal – und im Ausland. Im kalifornischen Sonoma County lernte sie den Winemaker Mike Sullivan kennen, der für sie ein Vorbild ist. Auch mit Chris Pfeiffer, dem ehemaligen Weinmacher bei Lindemans, der seit 1984 sein eigenes Weingut im australischen Rutherglen (Victoria) führt, wo er mit Hingabe aus portugiesischen Sorten Vintage-Portweine produziert, verbindet sie eine Freundschaft.

Der Vorteil ihrer Tätigkeit: Die Önologin ist in allen portugiesischen Anbaugebieten zu Hause. Im Alentejo, im Douro, in der Estremadura oder in Beiras, überall war sie tätig (und freut sich über zahlreiche Silber- und Goldmedaillen bei namhaften Wettbewerben). Wenn Cláudia Favinha über Portugal spricht, leuchten ihre Augen. Das Potenzial für große Weine, das dieses Land hat!

Ihre Tätigkeit lässt ihr kaum Zeit für ihre Hobbies (eine eigene Familie hat sie noch nicht gegründet, verrät Cláudia Favinha), Surfen und Wandern. Gerne würde sie in der Toskana Rotweine machen. Und Weißweine, am liebsten in Neuseeland.

Über ihr jüngstes Projekt, Paxa, verrät die Önologin nur so viel: »Eine fantastische Frucht, vielschichtig und intensiv!« So wie ihre Beruf.

Die Quinta do Francês ist ein noch wenig bekanntes, aufstrebendes Algarveweingut, das dem aus Frankreich stammenden Arzt Patrick Agostini gehört. Auf 6,5 Hektar sind Rotweinsorten gepflanzt. Gerade sind nach einigen Jahren des Experimentierens die ersten Weine auf den Markt gekommen. Die Önologin Cláudia Favinha hat eine gute Nase für solche Weingüter mit Potenzial.

**CONTROVERSO**
**VINHO REGIONAL ALGARVE**
**ADEGA DE LAGOS**

**CONDE DE LIPPE RESERVA**
**VINHO REGIONAL ALGARVE**
**ADEGA DE LAGOS**

**JOÃO CLARA TINTO**
**VINHO REGIONAL ALGARVE**

**JOÃO CLARA ROSÉ**
**VINHO REGIONAL ALGARVE**

*Die Adega de Lagos lanciert mit dem Controverso eine neue Weinlinie, mit der der größte Produzent an der Algarve bei Wettbewerben punkten will. Die ehrgeizige Idee hinter dieser Kreation ist die Verbindung alter Rebsorten mit moderner Vinifizierung, um einen neuen Stil zu begründen: eine Kontroverse. Cláudia Favinha will auf diese Weise der Algarve wieder zu dem Respekt verhelfen, die diese Region verdient. Alicante Bouschet, Syrah und Negra Mole werden zu einer würzigen, im Barrique ausgebauten Cuvée mit saftigem Tiefgang und pikantem Biss vermählt.*

*Solche Weine kennt man von der Algarve noch kaum: dicht, saftig, samtig mit Noten von roten und schwarzen Früchten und sehr gut eingebundenem, elegant-röstigem Holz. Moderne, gediegene Kombination der internationalen Syrahtraube mit Alicante Bouschet und der edlen Aragonês (Tempranillo). Ausbau im französischen Barrique mittlerer Toastung. Der Conde de Lippe (Graf Wilhelm Ernst zu Schaumburg-Lippe, 1724–1777) wehrte in Portugal eine Invasion der Spanier ab. Der Soldat und Genießer schickte seine Männer zum Muschelfang. Ihm zu Ehren heißen die conquilhas an der Algarve condelipas.*

*Dieser Wein verkörpert die neue Algarve. Aus typischen Portugalsorten, darunter der komplizierten Trincadeira, sowie etwas Syrah hat Cláudia Favinha einen dicht gewirkten, würzigbeerenfruchtigen Tropfen mit gut eingebundenen Tanninen gemacht, dessen Trauben sorgfältig selektioniert wurden. Nach zehntägiger Mazeration bei kontrollierter Temperatur wurde der Wein sieben Monate in Barriques aus französischer Eiche gesteckt. Das Weingut besitzt 5,5 Hektar Rebflächen.*

*Hier zeigt sich die Algarve in einem modernen Gewand. In der unkonventionellen Flasche steckt ein kraftvoller Rosé von leuchtender Farbe. Der bei maximal 16 Grad Celsius im Edelstahl vergorene Wein durchlief eine sechsmonatige Reifung im Barrique, für einen Rosé nicht alltäglich. Feine Säure zu fruchtigen Noten mit Zitrusaromen, würzig-frisch. In Auflagen unter 2.000 Flaschen hergestellter Rosé der Extraklasse.*

Syrah, Alicante Bouschet, Negra Mole

Alicante Bouschet, Syrah, Aragonês

Trincadeira, Aragonês, Syrah, Alicante Bouschet

Aragonês, Syrah, Alicante Bouschet

# ARMINDA FERREIRA

CAVES ALIANÇA DE PORTUGAL, PORTUGAL

### *Einfach den bestmöglichen Wein machen*

DIE TALENTIERTE ÖNOLOGIN UND WEINMACHERIN BEI EINEM DER GRÖSSTEN
WEINUNTERNEHMEN PORTUGALS VERANTWORTET ZAHLREICHE WEINE FÜR DIE EXPORTMÄRKTE,
ABER AUCH DIE GEWÄCHSE AUS DEN ZU CAVES ALIANÇA GEHÖRENDEN WEINGÜTERN.
AUF IHR TEAM IST SIE STOLZ – LAUTER MÄNNER.

Einmal, so erzählt Arminda Ferreira, wollte sie erfahren, wie ihre Teamkollegen – alles Männer –
die Zusammenarbeit mit ihr als Frau empfinden. Denn sie habe darüber eigentlich vorher nie nach-
gedacht. Von einigen merkwürdigen Antworten abgesehen, lautete der Tenor: Die Önologin bringe
viel Gespür für die Feinheiten und gesunden Menschenverstand in die gemeinsame Arbeit ein. Eine
gute Arbeitsgrundlage sei das, findet die Mittdreißigerin, die seit 1999 bei Aliança Weinmacherin ist,
und fügt hinzu: »Bestünde das Team nur aus Frauen, würde ich mich nicht anders fühlen.«

Teamarbeit ist in einem Unternehmen wie Caves Aliança, das 1927 von elf Partnern in
Sanghalos (Anbaugebiet Bairrada) gegründet wurde, selbstverständlich. Arminda Ferreira, die ihren
Abschluss in Önologie in Tras-o-Montes ablegte und in Porto im gleichen Fach promovierte, arbei-
tet mit ihrem Kollegen, dem erfahrenen Francisco Atunes, zusammen für eine Vielzahl von Weinen,
darunter die von mehreren Quintas (Weingütern) im Alentejo (Quinta da Terrugem, Herdade do
Barranco, Quinta da Rigodeira), im Douro (Quinta dos Quatro Ventos), im Dão (Quinta da
Garrida), Bairrada (Quinta das Baceladas) und Beiras (Quinta d'Aguiar).

»Aliança exportiert in 60 Märkte. Deshalb ist eine meiner Hauptaufgaben, zusammen mit der
Exportabteilung Weine zu kreieren«, beschreibt sie ihre Aufgaben. Das heißt: Assemblagen vorzu-
bereiten und zu verkosten – aber eben auch zu erschaffen. Ihren wichtigen Anteil in diesem Prozess
sieht sie mit der ihr eigenen Bescheidenheit. Sicher seien alle Weine Ergebnis von Teamarbeit, aber
bei dem einen oder anderen sei sie doch stärker persönlich engagiert – solche Gewächse betrachte
sie durchaus als »ihre« Weine, so wie jeder Winzer das auch tue. Für die Quinta da Rigodeira, die
2003 in den Besitz von Caves Aliança kam, ist sie seitdem hauptverantwortlich. Es ist einer der

Bei Caves Aliança hat die junge Önologin Arminda Ferreira ihre Karriere begonnen und kann dort alle Vorzüge eines großen Weinunternehmens nutzen. Gerne würde sie einmal im Ausland arbeiten, zum Beispiel in Deutschland. Einen Eiswein machen, das wäre ihr Traum.

## DAS WEINGUT IN ZAHLEN

### CAVES ALIANÇA DE PORTUGAL
Rua do Comércio Apt. 6
P-3781–908 Sangalhos
Tel. + 351-234-732000
Fax +351-234-732005
www.caves-alianca.pt

### REBFLÄCHE
347 Hektar

### REBSORTEN
Alfrocheiro Preto,
Alicante Bouschet, Baga,
Cabernet Sauvignon, Jaen, Merlot,
Petit Verdot, Periquita, Syrah,
Tinta Amarena, Tinta Barroca,
Tinta Roriz (Aragonês),
Touriga Franca, Touriga Nacional,
Trincadeira, Bical, Chardonnay,
Maria Gomes

besten Weinberge des Bairrada. Anfangs sei die Arbeit mit einem kleinen Weingut eine Herausforderung für sie gewesen, sagt sie: »Die Toleranz für Fehler ist fast auf Null reduziert.« Aber önologisch gesehen sei dies ungemein nutzbringend. Fragt man Arminda Ferreira nach dem Wein, den sie am ehesten als »ihren« betrachte, so antwortet sie: Quinta da Doña.

Arminda Ferreira hat 1999 bei Aliança begonnen, wo sie ein Praktikum in Sachen Schaumwein machte – und sofort engagiert wurde. Von einigen Aufgaben bei anderen Weingütern abgesehen, ist ihre Welt also die einer großen Kellereigruppe mit eigenen Quintas – und die Möglichkeiten, die sich hierbei bieten, seien einfach besser als bei einem kleinen Weingut: »Wir haben in allen wichtigen Anbaugebieten Rebflächen und Weingüter, so dass ich überall Erfahrungen sammeln konnte.«

Wahrscheinlich ist Arminda Ferreira die Önologin mit der umfassendsten Erfahrung im portugiesischen Weinbau – ein viel versprechendes junges Talent, dessen Expertinnenwissen schon jetzt als Dozentin und Verkosterin bei vielen Anlässen gefragt ist. Mit den renommierten Weinmachern Michel Rolland und Dr. Pascal Chatonnet, einem Barriquespezialisten, hat sie zusammengearbeitet und dabei wertvolle Erfahrungen gewonnen. Gerne würde sie noch im Ausland Erfahrungen machen: Deutschland (Eisweine) oder Neuseeland. Vielleicht klappt es irgendwann.

Ihre Lieblingssorten seien die, die in den vielen Anbaugebieten jeweils die besten Ergebnisse bringen: Aragonês im Alentejo, Touriga Nacional im Douro, Merlot im Bairrada. Ihre Philosophie klingt auf den ersten Blick nüchtern: Letztlich müsse jeder Erzeuger Wein machen, der den Konsumenten schmecke und der Gewinn einbringe. Das sei bei ihr nicht anders. So gesehen sei ihr Bestreben deckungsgleich mit dem ihres Unternehmens: einfach den bestmöglichen Wein machen.

Arminda Ferreira, deren Vater für eine Genossenschaft arbeitete, ist fast zufällig in den Weinberuf gerutscht. Ein Bekannter ihres Vaters, ein Weinmacher, brachte sie auf die Idee. Bereut hat sie diese Entscheidung niemals: »Es hat sich alles wie von selbst ergeben. Ich bin sehr glücklich mit meiner Tätigkeit.« Man glaubt das dieser Frau, die so ausgeglichen wirkt, sofort.

### QUINTA DOS QUATRO VENTOS
### DOURO DOC

---

*Dieser regelmäßig prämierte
Dourorotwein aus der Quinta
dos Quatro Ventos (45 Hektar
Rebfläche) im trocken-heißen
oberen Dourotal ist eines der
Flaggschiffe der Caves Aliança.
Er wird hauptsächlich aus den
Rebsorten Touriga Franca, Touriga
Nacional und Tinta Roriz gekeltert
und reift 12 Monate in neuen
Barriques aus französischer und
russischer Eiche. Ein seidiger,
subtiler, beerenfruchtiger Typ mit
feinen Schoko- und Kakaonoten
und aparten Nuancen von Blüten
(Jasmin), großes Potenzial und
moderne Machart.*

### QUINTA DA GARRIDA RESERVA
### TOURIGA NACIONAL DÃO DOC

---

*Als Reserva wird der Quinta da
Garrida rebsortenrein ausgebaut.
Er wird aus ausgesuchten Trauben
gekeltert, reift ein Jahr in neuen
Barriques und zeigt die ganze
Würze Portugals. Wildkräuter,
schwarze Waldbeeren und
Johannisbeeren, kräftige Struktur
mit markanten Tanninen und
Säure zeichnen diesen großartigen,
typischen Dãowein aus.*

### QUINTA DA DOÑA
### BAIRRADA DOC

---

*Aus der Rebsorte Baga, die im
Bairrada typisch ist und fast nur
dort angebaut wird, lassen sich
elegante, charaktervolle Weine
erzeugen. Der Quinta da Doña
ist mit seinen dunklen, reifen
Beerennoten und Kakaoaromen
schmeichelnd, seidig und finessenreich, niemals schwer. Interessante
Würz- und Barriquenoten sind
das Ergebnis einer gelungenen
Symbiose aus portugiesischem Stil
und moderner Art. Der Wein ist
ungemein stabil und entfaltet sich
sehr schön an der Luft. 14 Monate
Ausbau im französischen Barrique.*

Touriga Franca, Touriga Nacional,
Tinta Roriz

Touriga Nacional

Baga

# ELISABETTA FORADORI

## FORADORI, ITALIEN

### *Guter Wein ist die Frucht von Wissen und Geduld*

EIN ANERKANNTER SPITZENWEIN, DER AUS EINER VÖLLIG UNBEKANNTEN, AUTOCHTHONEN SORTE GEKELTERT IST? DIE TRENTINERIN ELISABETTA FORADORI HAT DIESES KUNSTSTÜCK GESCHAFFT UND IST LÄNGST ZUR KULTWINZERIN AVANCIERT. IHR GRANATO IST DER BESTE TEROLDEGO DER WELT.

Elisabetta Foradoris Geschichte ist unzählige Male erzählt worden. Die Internet-Suchmaschine Google findet in Sekundenschnelle mehr als 17.000 Einträge über die italienische Starwinzerin. Auch ohne sie einzeln zu kontrollieren, kann man recht sicher sein: Sie alle sind begeistert. Nicht nur ihr Granato – der 2003er wurde mit Lobeshymnen gefeiert – bewegt Kritiker und Weinliebhaber auf der Welt, auch ihr sympathisches Wesen und ihre Erscheinung werden gewürdigt. Ja, Elisabetta Foradori ist eine schöne Frau, die eine beeindruckende Ruhe und Wärme ausstrahlt. Wenn sie erzählt, gerät man unwillkürlich in ihren Bann. Wenn man ihre Weine probiert, auch. Welch eine unglaubliche Leistung! Denn man muss sich vor Augen halten, dass diese Weine, der Granato, der Myrto, der Foradori, das Ergebnis ihrer Arbeit sind. Das klingt einfach, aber es ist die Einfachheit der genialen Erfindungen. Diese beruhen oft auf einem Geistesblitz.

Elisabetta Foradori, Tochter des Winzers Roberto Foradori aus Mezzolombardo im Trentino, wurde durch den frühen Tod ihres Vaters im  Jahr 1976 sehr früh – 1985 – in die Verantwortung für das zwischenzeitlich von ihrer Mutter Gabriella geleitete Weingut gestellt. Da hatte sie gerade ihre Ausbildung an der Weinbauschule von San Michele hinter sich und war durch Europa gereist, wo sie in Südfrankreich aufmerksam verfolgte, wie dort die Weinbaukultur von Masse auf Klasse umgestellt wurde. Nun hätte sie die Arbeit ihres Vaters, keines schlechten Winzers, einfach fortsetzen können. Aber in Frankreich hatte sie gesehen, wie dort die Reben erzogen wurden, anders als die Spaliere im Trentino, dichter gepflanzt, im Guyotschnitt. Der entscheidende Schritt: Elisabetta Foradori stellt ihre Teroldegoflächen auf diese Erziehung um und schneidet grüne Trauben ab, um die Erträge pro Stock zu reduzieren (was bei den meisten Nachbarn auf Unverständnis stößt). Sie studiert die einzelnen Rebstöcke, vermehrt durch Klone mit den besten Trauben. So einfach ist es – scheinbar. Aber sie hätte auch Cabernet Sauvignon pflanzen und daraus Weine nach internationaler Mode produzieren können.

Elisabetta Foradori begeistert sich bis heute für die autochthone Sorte Teroldego (Betonung auf dem ersten o), dem »Tirolergold«, die seit Jahrhunderten gerade in der Ebene des Campo Rotaliano gedeiht, wo der Gebirgsfluss Noce meterhohe Geröllfelder geschaffen hat. Erstmals erwähnt ist sie in einem Dokument aus dem 14. Jahrhundert. Im 19. Jahrhundert, das wusste Elisabetta Foradori, wurde diese Sorte als Wein beschrieben mit dem Körper und der Kraft eines Bordeaux, mit großem Potenzial. Warum, so fragte sich die Winzerin, waren dann die Teroldegos der Gegenwart so leicht und dünn? Die Antwort gab sie mit ihren Weinen, die dicht und vollsaftig, dazu nicht weniger entwicklungs- und lagerfähig sind wie beste Bordelaiser Gewächse.

Eine autochthone Sorte wie Teroldego braucht ganz bestimmte Bedingungen im Weinberg, um optimale Ergebnisse zu bringen. Diese Voraussetzung zu schaffen, sei Aufgabe des Winzers, erklärt Elisabetta Foradori. Auch bei der Vinifizierung helfe international standardisierte Kellertechnik nicht, vielmehr müsse genau auf die Sorte eingegangen werden. Als sie begann, sich mit dem Teroldego zu beschäftigen, waren nur wenige Klone in Gebrauch. Elisabetta Foradori hat durch geduldige Arbeit 15 verschiedene Klone selektioniert, die sie anbaut und je nach Parzelle gezielt einsetzt. Nebeneffekt: So wird auch die genetische Vielfalt der alten Sorte erhalten. Wohl niemand kennt diese Sorte so genau wie sie, die sogar historische Quellenstudien in Archiven und Annalen

Elisabetta Foradori legt auch heute noch selbst Hand an im Weingut. Ohne ihr motiviertes Mitarbeiterteam ließe sich die Arbeit jedoch kaum bewältigen. Ihre Familie und ihr Beruf als Winzerin zweier Weingüter, dazu die vielen Einladungen und Präsentationen, all das lasse sich bewältigen, wenn man sich nur richtig organisiere.

betrieb: »Es braucht eine ganze Generation, um zum klarsten, ursprünglichen Ausdruck einer autochthonen Sorte zu kommen.« Zielstrebigkeit und Ausdauer gehören folglich zu den besonderen Eigenschaften der Elisabetta Foradori. Und Konsequenz: Den Spitzenwein Granato, der aus Trauben der jeweils besten der rund 20 Parzellen gekeltert wird, gibt es in schwachen Jahrgängen eben nicht. Punkt.

Ihre Bewirtschaftung hat Elisabetta Foradori nach und nach auf Biodynamie umgestellt. Sie habe erkannt, dass sich der Charakter einer Rebsorte am besten im Wein ausdrückt, wenn die Reben in einem gesunden Boden wurzeln und die Bewirtschaftung die Natur respektiere. Harmonie ist das Stichwort. Im Keller, der etwas Sakrales ausstrahlt und auch künstlerische

Die Berge, das Terroir, die Teroldegoreben und Elisabetta Foradori bilden einen harmonischen Akkord. Gerade die autochthone Rebsorte Teroldego hat der Winzerin viel zu verdanken.

Kritisch betrachtet Elisabetta Foradori einen ihrer Weine. Ihre Topkreszenz, der Granato, wird nur in sehr guten Jahren aus den besten Trauben ausgewählter Parzellen gekeltert. Anfang der 1990er Jahre, als es eine Reihe mäßiger Jahrgänge gab, wünschte sich die Winzerin schon mal, in einer sonnigeren Region Wein anzubauen. Diesen Traum hat sie sich 2002 in der Maremma erfüllt.

## DAS WEINGUT IN ZAHLEN

### FORADORI

Via Damiano Chiesa 1
I-38017 Mezzolombardo (TN)
Tel. +39-0461-601046
Fax +39-0461-603447
www.elisabettaforadori.com

### REBFLÄCHE

16 Hektar

### REBSORTEN

Teroldego, Pinot Bianco, Chardonnay, Sauvignon Blanc, Cabernet Sauvignon, Merlot, Petit Verdot, Syrah, Incrocio Manzoni

Elemente integriert, reifen die Teroldegoweine in ihren Barriques, die auf aufgeschütteten Kieselsteinen aus dem Fluss Noce ruhen – diese Stimmigkeit ist durchaus beabsichtigt und gehört zu Elisabetta Foradoris Philosophie, die nicht nur die Qualität der Weine, sondern auch die Seele des Menschen ins Blickfeld einschließt. Genuss ist für sie auch »spirituelles Wohlbefinden«.

Die Winzerin, die vier Kinder hat – Johannes, der Jüngste, hat drei schon erwachsene Geschwister aus einer früheren Ehe –, hat auch vier Weine: den Toprotwein Granato (erst seit 1997 mit DOC ausgestattet, aber von der Winzerin seit 2000 als IGT Vigneti delle Dolomiti Rosso deklariert), der 18 Monate im Barrique reift; den Teroldego Foradori; Myrto, eine Weißweincuvée, und den Ampelaia. Das ist ein Rotwein aus der Maremma, denn dort besitzt Elisabetta Foradori zusammen mit ihren beiden Freunden Thomas Widmann und Giovanni Podini seit 2002 ein Weingut mit immerhin 50 Hektar, die mit Sangiovese, Cabernet Franc und anderen mediterranen Sorten wie Grenache, Mourvèdre und Carignan bestockt sind. Warum, wenn sie doch in einem wunderschönen, 1901 erbauten villenähnlichen Weingut lebt, in dem Besucher staunend die alten Gewölbe und den 1999 gebauten Barriquekeller betrachten? »Weil es in der Toskana so viele Sonnentage gibt«, lächelt die Winzerin, die sich auch in Sizilien umgesehen hat – aus dem gleichen Grund und auch mit einem Weingutprojekt im Kopf.

**MYRTO IGT**
**VIGNETI DELLE DOLOMITI BIANCO**

**FORADORI**
**TEROLDEGO ROTALIANO**

**GRANATO IGT**
**VIGNETI DELLE DOLOMITI ROSSO**

---

*Sauvignon Blanc ist darin und eine Rebsorte namens Incrocio Manzoni (es hat auch andere Zusammenstellungen gegeben). Die Incrocio Manzoni wurde in den 1930er Jahren vom Rebzüchter Luigi Manzoni aus Riesling und Weißburgunder gezüchtet und kommt als Manzoni Bianco im Veneto vor. Der Ausbau des Myrto erfolgt teils im Edelstahl, teils im Barrique, so dass der Holzeinfluss sehr dezent bleibt. Die mineralische Art und die typischen Sauvignonaromen (Apfel, Stachelbeere, weiße Blüten) bezeugen das kühle Alpenklima. Schön würziger Abgang.*

*In diesem Wein sind Teroldegotrauben aus verschiedenen Lagen des Campo Rotaliano vermählt. Sie stehen auf stein- und kieshaltigen Schwemmlandböden. Ausbau nach Vinifizierung im temperaturkontrollierten Edelstahl im Barrique (zwölf Monate). Das ist Teroldego! Kirschig-würzig, saftig und mit Schliff, geschmeidiges Mundgefühl und guter Biss. Wer hat gesagt, Teroldego erbringe rustikale Alltagsweine? Der Foradori-Teroldego macht jeden Alltag zum Sonntag.*

*Der Kultwein aus dem Trentino verdankt seinem Namen dem Granatapfel (nicht der Granate, als die ihn mancher Liebhaber bezeichnen mag). Elisabetta Foradori möchte damit auf die gemeinsame Herkunft dieser edlen Frucht und der Traube hinweisen. Dunkles Rubin mit violetten Reflexen, dichte Nase (Schattenmorellen, reife Brombeeren, Johannisbeeren), auch Noten von Leder, Tabak, am Gaumen ungeheuer samtig und schmeichelnd, viel Schliff, beeindruckende Konzentration der Frucht, genießerische Länge mit Schokoladeanklängen, da füllt der kleinste Schluck den Mund. 18 Monate Barriqueausbau. Träumerischer Wein, hoch prämiert und entsprechend gefragt.*

Sauvignon Blanc, Incrocio Manzoni

Terroldego

Terroldego

# LEONOR FREITAS

## CASA ERMELINDA FREITAS, PORTUGAL

### *Glückwünsche vom Staatspräsidenten*

FRAUEN BESTIMMEN AUF DIESEM WEINGUT SEIT ZWEI GENERATIONEN DEN KURS.
LEONOR FREITAS' MUTTER IST EINE RESOLUTE ZIELSTREBIGE DAME, UND LEONOR SETZT DEN WEG UNBEIRRT FORT.
IM FRÜHJAHR 2008 SICHERTE SICH EINER IHRER WEINE BEI EINEM INTERNATIONALEN WETTBEWERB
DEN ERSTEN PLATZ, WAS DER WINZERIN ANERKENNUNG VON HÖCHSTER STELLE EINBRACHTE.

Auch wenn die Liste der Preise und Prämierungen für Weine von Casa Ermelinda Freitas mehrere
Seiten füllt, ist ein Glückwunschtelegramm von Portugals Staatspräsidenten Aníbal Antonio Cavaco
Silva für Leonor Freitas nicht alltäglich. Anlass war die Kür ihres 2005er Syrah zum besten Rotwein
bei den Vinalies in Paris – immerhin unter rund 3000 Weinen aus 36 Ländern. »Der beste Rotwein
der Welt«, wie die Presse jubelte, trage dazu bei, so der Staatspräsident, die internationale
Anerkennung der hervorragenden Qualität der portugiesischen Weine zu fördern.

Leonor Freitas, eine Mittfünfzigerin voller Energie, mit flottem Kurzhaarschnitt, ist selbstverständlich stolz auf diese Auszeichnung: »Das ist für uns alle eine große Ehre«, verkündet sie strah-
lend und verweist auf ihr Team, darunter den beratenden Önologen Jaime Quendera, eine unter
dem Starweinmacher João Portugal Ramos ausgebildete Koryphäe. Besonders erfreulich für die
Winzerin: Unter den Anbaugebieten Portugals ist ihre Heimat auf der Halbinsel Setúbal vor den
Toren Lissabons eher für den Süßwein Moscatel de Setúbal als für hochklassige Rotweine bekannt.
»Wir können hier hochwertige Weine mit einem ausgezeichneten Preis-Leistungsverhältnis herstellen«, beteuert die Rotweinspezialistin. Rebsorte Nummer eins – auch im Sortenspiegel des
Weinguts – ist die Castelão, die in den Rotweinen der DOC Palmela überwiegen muss. Die Sorte
wurde im 19. Jahrhundert durch den berühmten portugiesischen Winzer José Maria da Fonseca auf
die Halbinsel gebracht, wo sie nach dem damaligen Weingut Cova da Periquita auch noch Periquita
genannt wird. Sie gedeiht auf den sandigen Böden im heißen Klima hervorragend.

Casa Ermelinda Freitas wird in vierter Generation geführt, gehört aber – als Selbstvermarkter –
dennoch zu den eher jungen Betrieben. Den 1920 vom Urgroßvater Manuel João Freitas gegründe-

ten Familienbetrieb hat die promovierte Soziologin Leonor Freitas, die zuvor als Beamtin im Gesundheitswesen tätig gewesen war, nach dem Tod ihres Vaters in den 1990er Jahren übernommen.

Ihre Mutter Ermelinda hatte maßgeblich die Geschicke des Unternehmens bestimmt, keine Entscheidung sei ohne sie gefallen, sagt Leonor. Das Weingut trägt mit Stolz ihren Namen. Auch heute noch ist die Dame mitunter präsent, wenn die Weine auf Messen oder Veranstaltungen vorgestellt werden, und natürlich nimmt sie immer noch Anteil am Geschick der Firma. Ihr Rat und ihre Erfahrung sind stets gefragt: Sie habe ihr ganzes Leben dem Wein gewidmet, sagt die Tochter.

1997 beschloss Leonor Freitas, Teile der Ernte unter eigenem Namen abzufüllen. Bis dahin war das Weingut Zulieferer namhafter Kellereien gewesen. Erst seit etwas über einem Jahrzehnt gibt es also Weine unter dem Namen des Weinguts. Der erste war der Dom Freitas, ein reinsortiger Castelão.

Es wurde erheblich in den Ausbau des Kellers und des Weinguts investiert. Rund vier Millionen Euro kosteten moderne Kellertechnik, Labors, Verkostungs- und Veranstaltungsräume, die 2005 eröffnet wurden. Als ehemalige Lehrtätige weiß Leonor genau, wie man Besuchern und Weintouristen ihr Produkt näher bringt – als Erlebnis, das Wein, Region und Geschichte verbindet.

Alle Investitionen dienen der Qualität, nicht einer Steigerung der Menge, betont sie. Dabei ist Casa Ermelinda Freitas nie elitär geworden – es gibt einige Weine auch im praktischen Weinschlauch im Karton.

Castelão ist die Rebsorte, die die allermeisten Weine der Casa Ermelinda bestimmt. 100 Hektar sind damit bestockt. Die Castelão sei optimal an die Gegebenheiten in Palmela angepasst, weiß die Winzerin.

Mit ihrem Mann Arménio Campos hat die an einem 24. Dezember geborene Leonor Freitas zwei erwachsene Kinder, einen Sohn und eine Tochter. Joana ist zwar die Jüngere. Aber sie wird sicher das Familienweingut in der fünften Generation führen. Weibliche Intuition, sagt Leonor Freitas, sei eine gute Geschäftsgrundlage.

## DAS WEINGUT IN ZAHLEN

### CASA ERMELINDA FREITAS

Rua Manuel João Freitas
Fernando Pó – CCI 2501
P-2965–621 Águas de Moura
Tel. +351-265-988000
Fax +351-265-988004
www.ermelindafreitas.pt

### REBFLÄCHE

130 Hektar

### REBSORTEN

Castelão (Periquita),
Touriga Nacional, Trincadeira,
Aragonês, Alicante Bouschet,
Cabernet Sauvignon, Syrah, Arinto,
Antão Vaz, Fernão Pires

Das Barrique spielt für Leonor Freitas eine zentrale Rolle, es wird jedoch mit Bedacht eingesetzt. Ihr Spitzencastelão, Leo d'Honor, aus über 50 Jahre alten Reben reift zwölf Monate darin. Für ihre modernen Rebsortenweine, darunter den Syrah, werden auch Barriques eingesetzt, die aus französischer und amerikanischer Eiche zusammengesetzt sind. Dadurch erhalten die Weine eine besondere Note.

**CASA ERMELINDA FREITAS**
**VINHO REGIONAL**
**TERRAS DO SADO**

**DONA ERMELINDA PALMELA DOC**

**TERRAS DO PÓ TINTO**
**VINHO REGIONAL**
**TERRAS DO SADO**

*In fast allen portugiesischen Rotweinen, die aus autochthonen und internationalen Sorten bestehen, spielen die alten landestypischen Sorten die Hauptrolle. Auch in dieser nur vier Monate in neuer französischer Eiche ausgebauten Assemblage. Syrah und Cabernet Sauvignon verleihen ihr einen modernen Zug. Sehr gut integrierte Tannine und geschmeidige Beerenfrucht mit feiner Würze, komplexe und zugleich ausgewogene Struktur.*

*Während der Dom Freitas, der als erster Wein unter dem eigenen Namen abgefüllt wurde, nach Leonors Vater benannt ist, ist Dona Ermelinda das weibliche Gegenstück. Die Castelãostöcke, aus denen dieser Wein gewonnen wird, wurden vor über 20 Jahren gepflanzt. Die tiefe, elegante und samtige Frucht ist sehr fein mit den Barriquenoten verbunden (sechs Monate Ausbau in Alliereiche). Noten von reifen Beeren, auch Pflaumenmus und eingelegte Früchte, verbinden sich wunderbar mit der portugiesischen Würze.*

*Der reinsortige Castelão wird im Edelstahl vergoren, wobei die Temperatur niedrig gehalten wird, um diesen Vorgang zu verzögern. Vier Monate Reife im französischen Barrique sind gerade genug, um ihm etwas Schliff zu geben. So kann die Sorte optimal zum Ausdruck kommen: kräftige Aromen und gute Tanninstruktur, Noten von reifen roten und schwarzen Früchten (Brombeere, Heidelbeere) und ein Hauch Vanille.*

Castelão, Touriga Nacional, Syrah, Cabernet Sauvignon

Castelão

Castelão

# MARJORIE GALLET

## DOMAINE ROC DES ANGES, FRANKREICH

### *»Ich bin nur die Regisseurin«*

FÜR MARJORIE GALLET AUS DEM ROUSSILLON SPIELT DER WEIN DIE HAUPTROLLE,
NICHT DIE PERSON, DIE IHN MACHT. BEIM FILM ERSCHEINE DER REGISSEUR
JA AUCH ERST IM ABSPANN, MEINT SIE. ABER SO WIE EIN GUTER FILM SEINEM REGISSEUR
ZUM RUHM GEREICHT, HABEN IHRE WEINE DIE WINZERIN ZUM STAR GEMACHT.

Veni, vidi, vici: Mit diesen knappen Worten soll Julius Cäsar einem Freund seinen Sieg über Pharnakes II. geschildert haben. Die Redewendung ist sprichwörtlich für einen außerordentlich raschen Erfolg. So wie ihn Marjorie Gallet erzielt hat. Oder wie soll man es nennen, wenn nur drei Jahre, nachdem eine junge Frau ein Weingut aufgebaut hat, zudem ohne wesentliches Eigenkapital, angesehene Kritiker ins Schwärmen geraten? Jancis Robinson, die renommierte englische Weinautorin, erwähnte sie schon 2004 lobend, im gleichen Atemzug wie den Carignanpapst Sylvain Fadat. Zwei Jahre später entschuldigt sie sich dafür, dass sie Gallets Weine gleich zweimal in einem Jahr erwähnt: »Ich kenne niemanden, der solch wunderbare handwerkliche Weine zu so günstigen Preisen anbietet.« Ein »marvel«, Wunder, nennt sie ihren weißen Roc des Anges Vieilles Vignes. Auch der amerikanische Großkritiker Robert Parker ist längst aufmerksam geworden auf die Weine der Domaine Roc des Anges. Cäsar würde staunen: Machen doch die Truppen eines Winzers nur einen einzigen Zug pro Jahr. 2001 hat Marjorie Gallet angefangen, Wein zu machen. Es gibt also noch keine zehn Jahrgänge von ihrem Wein. Marjorie Gallet freut sich über so viel Lob. In ihrem T-Shirt und den Jeans sieht die junge Frau nicht unbedingt wie ein Kultstar aus. »Ich bin quasi nur die Regisseurin«, sagt sie bescheiden.

Marjorie ist »zum Anfassen« geblieben, eine unkomplizierte Frau mit kurzen blonden Haaren. Sie war eine junge Önologin oder vielmehr Studienabbrecherin von Montpellier, als sie beschloss, in Montner im Roussillon Wein zu machen (und ihren Mann zu heiraten, der *régisseur*, also Gutsverwalter bei Mas Amiel ist). »Im Roussillon ist alles billiger«, erklärt sie augenzwinkernd. Sie selbst stammt nämlich von der nördlichen Rhône, wo die Weinberge knapp, prestigekräftig und

teuer sind. Nicht dass das Roussillon im Jahr 2001 noch die Massenwein-Pampa war, als die es einst gelten konnte. Längst hatten ambitionierte Winzer begonnen, hochwertige Gewächse zu erzeugen. Domaine Gauby, eines der Spitzengüter der Region und Nachbar im Hinterland von Perpignan, spielt eine Schlüsselrolle für Marjorie, denn hier leistete die 23-Jährige ein Praktikum, als sich die einmalige Gelegenheit bot, 15 Hektar Rebland zu erwerben.

Sie erwarb jedoch nicht irgendein Rebland. Es waren oft alte, ja uralte – manchmal bis zu 90 Jahre alte – Rebstöcke, vor allem Carignan, auf schwarzen Schiefer-Verwitterungsböden, durch die sich Quarzadern ziehen. Der von Monte Negro abgeleitete Ortsname Montner weist darauf hin. Diese Reben stehen nach Norden ausgerichtet, im heißen Roussillon ein Vorteil. Freunde und Bekannte, die Marjorie mit viel Einsatz überzeugt hat, leihen ihr das Geld zum Kauf; die Dividende ist flüssig. Heute bewirtschaftet Marjorie Gallet 22 Hektar, von denen inzwischen einige Parzellen neu bepflanzt wurden. Traditionelle Methoden, die Reben soweit wie möglich »machen lassen« – Marjorie Gallet nennt es die »Autonomie der Reben« –, das alles ist Ausdruck der Suche nach dem Gleichgewicht von Mensch und Rebe. Sich mehr einzumischen, würde die Weine leicht vulgär machen, sagt sie. Der Keller ist überraschend einfach, Betonzisternen, gebrauchte Barriques, eine traditionelle Presse, mit der sehr schonend gearbeitet werden kann.

Die Kraft und Tiefe ihrer Weine sind bemerkenswert und nur zum Teil durch die sehr niedrigen Erträge zu erklären, die durch das Alter der Rebstöcke und die klimatischen Verhältnisse im trockenen, windreichen Roussillon bedingt sind. Bemerkenswert ist auch die Leidenschaft, das Herzblut der Winzerin. Und heißt nicht einer ihrer Rotweine Segna de Cor? Ein kleiner Tipp: Man lese den Namen von hinten. Manches ist eben einfacher, als es zunächst scheint. *En verlan* nennen die Franzosen dieses Sprachspiel, einen Silbentausch von *à l'envers*. Humor ist eben auch ein Wesenszug von Marjorie Gallet, die sich nur in der Rolle des Regisseurs sieht. Die wahren Stars, das sind für sie ihre Rebstöcke.

Südfranzösisch-verträumt ist die Stimmung auf Roc des Anges (rückwärts gelesen: Segna de Cor), wo Marjorie Gallet mit Herzblut Weine macht. Unkompliziert und bescheiden tritt sie auf, verfolgt jedoch ihre Vision mit Weitsicht, Willenskraft und einer großen Portion Hartnäckigkeit.

## DAS WEINGUT IN ZAHLEN

### DOMAINE ROC DES ANGES
1, Grand-Rue
F-66720 Montner
Tel. +33-4-68291662
rocdesanges@aol.com

### REBFLÄCHE
22 Hektar

### REBSORTEN
Carignan, Syrah, Grenache, Grenache Blanc, Grenache Gris, Maccabeo

**SEGNA DE COR**
**CÔTES DU ROUSSILLON**
**VILLAGES AOC**

**1903 CARIGNAN**
**VIN DE PAYS DES**
**PYRÉNÉES-ORIENTALES**

**VIEILLES VIGNES BLANC**
**VIN DE PAYS DES**
**PYRÉNÉES ORIENTALES**

*In dieser Cuvée ist Grenache der Hauptpartner, deshalb – und auch durch die Abwesenheit des Barriquearomas, denn der Wein wurde »ohne« ausgebaut – stehen die geschmeidigen Beerennoten im Vordergrund. Die Tannine sind so gut eingebunden, dass man kaum davon Notiz nimmt, sie gehören gewissermaßen dazu. Ein saftiges, bei aller Dichte doch elegantes Stück Roussillon, dem man die harten Bedingungen nicht anmerkt.*

*1903, im ersten Jahr der Tour de France, wurden die Carignanreben gepflanzt, auf ihrem einzigartigen Terroir aus Schiefer und Quarz, das die Hitze reflektiert. Reife, tiefe Brombeernoten mit Aromen, die an Kakao und – man möchte meinen – Portwein erinnern, üppig und doch elegant durch feine Säure und edelste Tanninstruktur, ausbalanciert und nobel. Reinsortiger Carignan: eine Seltenheit! Die spät reifende Sorte ist robust und kann hohe Erträge liefern, wird im Süden gern nach der Macération-carbonique-Methode vinifiziert, um mehr Aromen zu extrahieren, und kann bei niedrigen Erträgen grandiose Weine erbringen, wie etwa auch im spanischen Priorato.*

*Grenache Gris mit ein wenig Maccabeo und Grenache Blanc: So entsteht ein ungewöhnlich mineralischer, in sich geschlossener Weißwein, dem man etwas Luft gönnen sollte. Die Gärung verläuft sehr lange; ein Wein, der sich bewusst Zeit lässt. Und so sollte er auch genossen werden: indem man sich Zeit nimmt.*

Grenache, Carignan, Syrah

Carignan

Grenache Gris, Maccabeo, Grenache Blanc

# MARIA CRISTINA GEMINIANI

FATTORIA ZERBINA, ITALIEN

## *Leuchtender Stern der Emilia*

MARIA CRISTINA GEMINIANI HAT MIT VISIONÄRER KRAFT FAST IM ALLEINGANG DIE EMILIA-ROMAGNA AUF DIE WEINKARTEN DER AFICIONADOS GEBRACHT. SEIT MEHR ALS EINEM JAHRZEHNT ERHALTEN IHRE ROTWEINE HÖCHSTNOTEN. WER HÄTTE DER LOKALEN REBSORTE SANGIOVESE DI ROMAGNA DIESEN HÖHENFLUG ZUGETRAUT? VERBLÜFFEND IST AUCH, WAS DIE WINZERIN AUS DER WEISSEN REBSORTE ALBANA ZAUBERT.

Wenn in einer Frau Weinleidenschaft, analytischer Verstand und zähe Beharrlichkeit sowie ein Schuss Perfektionismus zusammenkommen, entsteht mit hoher Wahrscheinlichkeit jemand wie Maria Cristina Geminiani. Die schlanke Frau mit dunklen kurzen Locken und eleganter Brille strahlt eine Gelassenheit aus, die ihr die lange Erfahrung und auch die beeindruckenden Erfolge ihrer Weine gegeben haben mögen. Sparsam gestikulierend und mit freundlichem Lächeln erklärt sie ihre Vision, für die sie mehr getan hat, als man heute beim Gang durch das Weingut vermutet.

Zerbina ist der Name eines lokalen Windes, der von Süden weht. An den sanften Hängen um das auf 200 Meter über dem Meeresspiegel liegende Weingut stehen die Reben mit ihren kurz gehaltenen Stämmen adrett in der Gobeletform aufgereiht. Die Böden bestehen hier aus kalkhaltigem Ton und alluvialen Ablagerungen.

»Man muss darauf achten, dass es in jedem Weinberg Parzellen gibt, in denen andere Bodenverhältnisse herrschen und die Pflanzen darauf unterschiedlich reagieren«, erklärt Maria Cristina Geminiani dem Besucher. Durch genaue Aufmerksamkeit könne man von Jahr zu Jahr den für diese besondere Parzelle optimalen Klon finden und nach und nach die Qualität der Weine verbessern. Sie fährt fort: »Nur so können wir das ganze Potenzial unseres Terroirs erschließen.«

Das klingt, auch wenn Leidenschaft dahinter steckt, wissenschaftlich, und tatsächlich hat die studierte Agrarwirtin, die ihren Abschluss 1988 in Mailand machte und danach noch eine Ausbildung zur Önologin in Bordeaux anschloss, neben viel Herzblut auch viel Überlegung in ihr Weingut investiert, das sie 1987 übernahm. Beispielsweise hat sie die Erziehung der Reben geändert (in der Spalier- und auch in der Alberello- oder Gobeletform) sowie die Pflanzdichte systematisch erhöht, die Erträge dagegen reduziert. Heute kann Maria Cristina Geminiani die Ernte ihres Strebens einfahren und sich darüber freuen, einen der ganz wenigen Betriebe Italiens zu besitzen, der vom renommierten Weinführer *Gambero Rosso* mit einem Stern für mehr als zehn Höchstauszeichnungen in Folge dekoriert wurde, dem einzigen, der in der Emilia leuchtet!

Stolz entdeckt man bei der bescheidenen Winzerin nicht. Sie verweist darauf, dass sie seit acht Jahren mit ihrem Bruder Vincenzo zusammenarbeitet. Ihr scheint es selbstverständlich zu sein, dass alles so gekommen ist. Gern fachsimpelt sie über die morgendlichen Nebel in den Hügeln von Faenza, die ein ideales Klima für die Edelfäule, den Pilz *Botrytis cinerea*, schaffen. Nicht ohne Grund zog es die Enkelin von Vincenzo Geminiani, der 1966 das Weingut gründete, nach ihrem Agrarstudium zur Ausbildung ins Bordelais: Die Süßweine hatten es ihr angetan.

Vor über 20 Jahren, im Spitzenjahrgang 1987, saß Cristina mit dem namhaften Önologen Vittorio Fiore, der die junge Winzerin anfangs unterstützte und beriet, und einem Restaurantbesitzer beisammen. Man sprach über edelsüße Weine. Die weiße

Alles liegt in der Familie: Vater Geminiani ist stolz auf seine Tochter , die für ihre konstante herausragende Weinqualität mit dem seltenen Stern des Gambero Rosso für konstante Qualität ausgezeichnet wurde.

autochthone Sorte Albana wird in der Emilia-Romagna teils trocken, teils lieblich und auch als Passito, also als Süßwein aus getrockneten Trauben, ausgebaut. Ob diese Sorte zu mehr geeignet sei?

Edelfäule gehört bekanntlich zu den notwendigen und sehr seltenen Voraussetzungen, um wirklich grandiose Weine wie Beerenauslesen oder Ausbruch zu schaffen. Nur in wenigen Anbaugebieten herrschen die entsprechenden klimatischen Voraussetzungen. Cristina Geminiani nutzte die denkbar günstige Witterung, und es gelang ihr, einen Botrytiswein zu keltern. Der Scacco Matto (»Schachmatt«) war geboren. Dieses Elixir zählt heute zu den großen Süßweinen Italiens.

Nicht minder einmalig sind Cristina Geminianis Rotweine, die alle die in der Emilia-Romagna vorherrschende Spielart der Sangioserebe enthalten. Sie gilt als weniger edel als die toskanische Sangiovese, obwohl sie wahrscheinlich sogar aus der Emilia-Romagna stammt. Im Unterschied zum toskanischen Sangioseklon sind bei der Sangiovese di Romagna die Beeren etwas größer, so dass der Wein weniger Tannin, das ja in der Haut der Beeren sitzt, und mehr Fruchtkomponenten enthält.

Die Pflege der Weinberge und das Studium der kleinräumigen Eigenarten sind für Maria Cristina Geminiani zugleich Leidenschaft und Bedingung für Qualität. Sie ist überzeugt, dass selbst in einem einzigen Weinberg von Parzelle zu Parzelle und von Zeile zu Zeile Unterschiede in Geschmack und Gehalt der aus den jeweiligen Trauben gewonnenen Weine existieren.

## DAS WEINGUT
## IN ZAHLEN

---

### FATTORIA ZERBINA

Via Vicchio 11
Loc. Marzeno
I-48010 Faenza (RA)
Tel. +39-0546-40022
Fax +39-0546-40275
www.zerbina.com

### REBFLÄCHE

31 Hektar

### REBSORTEN

Albana, Trebbiano, Chardonnay,
Sauvignon Blanc, Sangiovese,
Cabernet Sauvignon, Merlot,
Syrah, Ancellotta

Sie soll ihren Namen von einem Hügel in der Nähe von Sant'Angelo di Romagna ableiten, dem Monte Giove. Dort bauten Kapuzinermönche einst Reben an, und auf die Frage eines Gastes, wie ihr Wein heiße, erfanden sie kurzerhand den Namen »Sanguis di Jovis« – Blut des Jupiter. Cristinas Spitzengewächs, der Pietramora, ist ein fast reinsortiger Sangiovese, der Marzeno dagegen ist als Cuvée aus Sangiovese und internationalen Sorten ähnlich angelegt wie die berühmten Supertoskaner.

Auch Weißwein keltert die Winzerin, etwa den Tergeno, einen weißen IGT-Wein aus Albana und Chardonnay, oder den Dalbiere aus Trebbiano di Romagna. Sie hat immer auf die lokalen Sorten gesetzt. Cabernet Sauvignon und Merlot dienen lediglich zur Abrundung. Sie ist der Meinung, dass Albana und Sangiovese am besten an ihr Terroir angepasst seien.

Um die Stärken der Emilia-Romagna als Weinregion auch vor dem internationalen Publikum zu demonstrieren, ist die Winzerin unermüdlich unterwegs und hat sich seit 2001 in der Vereinigung »Convito di Romagna« engagiert, der sieben weitere Erzeuger aus ihrem Gebiet angehören. Zu diesen gehören Claudio und Enrico Drei Donà, Andrea Mussiolo und Vittorio Navacchia, die zu den besten Winzern der Emilia-Romagna zählen. Kürzlich machte die Gruppe auf sich aufmerksam, indem ihre Weine in sechs italienischen Weinführern 22 Prämierungen gewannen, darunter Cristina Geminianis Scacco Matto und die Pietramora Riserva.

Die schwungvolle Weite der Landschaft in der Emilia-Romagna wird durch die Eleganz von Maria Cristina Geminianis Weinen sehr gut ausgedrückt. Neben den typischen Sorten Sangiovese di Romagna und Albana baut die Winzerin zur Abrundung auch etwas Cabernet Sauvignon und Merlot an.

## MARZIENO
### RAVENNA ROSSO IGT

*Sangiovese stellt in dieser modernen Cuvée den Hauptanteil, daneben gibt es Merlot, Cabernet Sauvignon und Syrah. Der Ausbau erfolgt im Barrique (überwiegend neu) und dauert etwa 15 Monate. Ein geschmeidiger, großzügiger Roter internationaler Statur mit gut eingebundenem, röstigem Holz und reifen, samtigen Tanninen sowie feinen würzigen Noten (Zimt, Kräuter).*

## PIETRAMORA SANGIOVESE
### DI ROMAGNA SUPERIORE DOC RISERVA

*Diesem zwölf Monate im Barrique ausgebauten Sangiovese sind nur kleine Mengen Ancellotta beigefügt, eine autochthone Sorte, die dem Petit Verdot ähnelt. Der Anteil liegt jedoch deutlich unter fünf Prozent, so dass der Pietramora praktisch ein reinsortiger Sangiovese ist. Die Reben sind 30 Jahre alt, der Weinberg ist nach Nordost exponiert, was zur Folge hat, dass nicht in jedem Jahr ein Pietramora gekeltert werden kann. Intensiver Duft von Schwarzkirschen, Veilchen und etwas Leder, der sich an der Luft noch schön entwickelt. Am Gaumen tiefgründig und mächtig mit Noten von Brombeeren, Gewürzen (Pfeffer), Bitterschokolade und Tabak. Pikante, lebendige Säure und dezente, feine Gerbstoffe.*

## CEREGIO SANGIOVESE
### DI ROMAGNA SUPERIORE DOC

*»Ceregio« bedeutet im emilianischen Dialekt Kirsche, und saftigduftig wie eine solche ist auch dieser Sangiovese, der im Edelstahl ausgebaut wird und für das tägliche Trinkvergnügen zur guten Küche der Emilia-Romagna glänzend geeignet ist. Saftig und auch subtil, überzeugt dieser preiswerte Wein durch seine Klarheit und Sortentypizität. Der große Bruder des Ceregio ist der (im Barrique gereifte) Torre di Ceparano.*

## SCACCO MATTO ALBANA
### DI ROMAGNA PASSITO DOCG

*Die Trauben für den Scacco Matto werden in mehreren, nicht selten einem Dutzend Durchgängen gelesen, damit sie im optimalen Zustand sind. Das Ergebnis dieses reinsortigen Albana in der Flasche mit dem Schachbrett-Etikett ist einer der großartigsten Süßweine Italiens: Verführerische Noten von Honig, kandierten tropischen Früchten, reifen Aprikosen und Pfirsichen sowie Zitrusfrüchten werden im Mund durch herrliche, üppige Süße und Fruchtaromen ergänzt, denen eine gute Säure zu Leben verhilft. Der Abgang ist sehr lang.*

Sangiovese, Cabernet Sauvignon, Merlot, Syrah

Sangiovese, Ancellotta

Sangiovese

Albana

# ALISON LUIZ GOMES

## AZAMOR WINES, PORTUGAL

### »Ich musste von Null anfangen«

DAS ALENTEJO IST NICHT NUR PORTUGALS GRÖSSTE, SONDERN WOHL AUCH DYNAMISCHSTE ANBAUREGION,
NICHT ZULETZT DURCH DIE KRAFT VISIONÄRER QUEREINSTEIGER. DIE EHEMALIGE BÖRSIANERIN
ALISON LUIZ GOMES ERZEUGT ZUSAMMEN MIT IHREM MANN JOAQUIM HERAUSRAGENDE WEINE
UND IST AUCH HERRIN ÜBER BETRÄCHTLICHE OLIVENHAINE UND EINE PFERDEZUCHT.

Zu den ambitionierten Visionären, die in den vergangenen zehn Jahren das Alentejo zu einer der
führenden portugiesischen Weinbaugebiete gemacht haben, gehört Alison Luiz Gomes. Alison,
deren blonde Haare ihre Herkunft aus dem nördlichen Europa verraten, ist eine klassische
Quereinsteigerin: von der Börse in den Weinkeller.

Ihren Mann Joaquim hat die aus Winchester stammende MBA-Absolventin (Manchester) 1986
beim Job in der Finanzbranche kennen gelernt. Etwas später, 1990, verliebte sie sich noch einmal,
und zwar in ein Stück Land: Joaquims Familie, die in Lissabon lebte, besaß ein heruntergekomme-
nes Anwesen im nördlichen Alentejo, auf 350 Meter Höhe.

Die Stille und Unberührtheit dort taten es Alison an, es schien ihr »ein Paradies« zu sein. Doch
zunächst blieb sie ihrem Beruf noch verbunden, allerdings in Portugal. Nach der Heirat arbeitete sie
an der Börse in Lissabon; ihr Mann gründete ein Unternehmen. Drei Kinder, Luisa, António und
Sebastião, waren Grund genug, diese Karriere zu beenden. Und dann war ja da noch dieses
Anwesen im Alentejo. Da müsste man doch Wein machen können, Spitzenwein, sagte sich Alison.

1998 kaufte das Paar den Eltern das Anwesen ab. »Wir haben bei Null angefangen«, erinnert
sich die lebenslustige Frau. Dass sie damals das Weinland Portugal noch kaum gekannt habe, gibt
die Engländerin gerne zu. Dass am Douro experimentierfreudige Winzer bemerkenswerte Weine
erzeugen, das hatte sie schon gehört und auch mit eigenen Augen gesehen. Sie wollte das selbst nun
auch wissen und schrieb sich an der Weinbauakademie in Porto ein, um Önologin zu werden.

Das malerisch gelegene Weingut im weißen Putz, zu dem auch ein Besucherzentrum und ein
hübsches, im ländlichen Stil edel eingerichtetes Gästehaus gehören, ist in kurzer Zeit zu einem der

besten im Alentejo avanciert. Das durch Zukauf vergrößerte Gelände umfasst stolze 260 Hektar, von denen allerdings nur etwas über zehn Prozent mit Reben bestockt sind. Der Rest bietet mit Korkeichen, Olivenbäumen und Pferdekoppeln vielfältige Möglichkeiten; längst wird ein eigenes Olivenöl produziert.

Alison Luiz Gomes, die eine passionierte Genießerin ist, hat früher mit dem Gedanken gespielt, Konzertpianistin zu werden, gab diesen Plan jedoch auf – als eher sesshafter Typ hätte ihr das viele Reisen nicht gelegen. Ein Weingut fordert den Künstler im Menschen, verlangt aber auch zugleich ein gewisses Verwurzeltsein im Boden. Schließlich muss eine Winzerin sich nahezu ohne Pause um die Reben kümmern. Der Wein ist für sie die Hauptsache – die 2002 begonnene Zucht von Lusitanopferden war eine Idee von Joaquim.

Das Alentejo ist eine trockene Gegend. Gerade mal 450 Millimeter Niederschlag fallen im Schnitt pro Jahr. 2005 gab es gar nur 35 Millimeter. Dieses Klima stellt für jeden Alentejowinzer eine Herausforderung dar. Der Quereinsteigerin sind deshalb versierte Berater wichtig. Bei der Anlage der Weinberge half der Starwinzer Luís Elías Carvalho, und im Keller unterstützte der namhafte australische Önologe David Baverstock die Genese der ersten Azamorweine mit Jahrgang 2003.

Azamor ist jedem Portugiesen ein Begriff. Bei der Schlacht zwischen Portugiesen und Mauren um die marokkanische Festung Azamor (1513) kämpfte Fernáo de Magalháes mit, der verwundet wurde und kurz danach beim portugiesischen König Manuel in Ungnade fiel, worauf er den Konkurrenten Spanien für sein Projekt der Weltumsegelung gewinnen konnte. Die ursprüngliche Bedeutung des Wortes in der Berbersprache übrigens ist weitaus friedlicher: Oliven.

Noch sind die Rebanlagen jung; portugiesische Rebsorten wie Touriga Nacional und Touriga Franca stehen neben internationalen Reben wie Merlot oder Petit Verdot. Die kalten Nächte auf 350 Meter ü. d. Meer sorgen für ausgewogene Säure und Eleganz in den Weinen. Alison Luiz Gomes' ganzer Stolz ist ein reinsortiger Petit Verdot.

**DAS WEINGUT IN ZAHLEN**

**AZAMOR WINES**
Rua D. Luís I, N° 19, 3° andar
P-1200–149 Lissabon
Tel. +351-21-7998094
Fax +351-21-3940044
www.azamor.de

**REBFLÄCHE**
27 Hektar

**REBSORTEN**
Syrah, Merlot, Petit Verdot, Alicante Bouschet, Mourvèdre, Trincadeira, Touriga Nacional, Touriga Franca

Die weißen Gebäude des Weinguts Azamor, zu dem auch ein Gästehaus gehört, bergen geschmackvoll eingerichtete Räume. Der Keller mit seinen Tanks und Barriques ist nach allen Regeln der modernen Weinmacherkunst eingerichtet. Hier hat Alison Luiz Gomes ihre Vision von einem Alentejo-Spitzenwein umgesetzt – unter anderem mit Petit Verdot.

### AZAMOR PETIT VERDOT

Petit Verdot spielt in Bordelaiser Assemblagen niemals die erste Geige – hier gibt es die Sorte in Reinkultur. Die sorgfältig von Hand gelesenen Trauben wurden langsam fermentiert; der Wein reifte in französischen Barriques (zwölf Monate). Würzige, gut eingebundene Holznoten und saftige Beerenaromen geben den Ton bei diesem finessenreichen Rotwein an, dem von einer deutschen Zeitschrift das Potenzial zum Kultwein attestiert wurde.

### AZAMOR ROT

Eine gelungene Cuvée aus zahlreichen autochthonen Sorten, zu denen Syrah und Merlot als internationale Vertreter hinzukommen. Der Barriqueausbau ist relativ kurz (sechs bis sieben Monate), so dass der Akzent auf die Frucht gelegt ist. Die ist brombeerig-würzig, saftig und fein gewoben bei sehr guten Tanninen; ein in sich ruhender Wein mit portugiesischer pikanter Note.

### AZAMOR SELECTED VINES

Eine Begegnung der lokalen Alicante Bouschet mit der internationalen Syrahtraube aus besonders ausgewähltem Lesegut ergibt ein beerenfruchtiges, samtiges Ensemble (mit durchaus kräftiger Tanninstruktur) mit saftigen Pflaumen- und Waldbeerenaromen und pfeffrig-pikanter Länge. Ein Teil reifte in amerikanischen Barriques, ein anderer in französischen, ein dritter nur im Stahltank. So bleiben die Holznoten dezent im Hintergrund und verleihen diesem eleganten Wein gerade die richtige Struktur.

Petit Verdot

Syrah, Touriga Nacional, Merlot, Trincadeira, Alicante Bouschet, Mourvèdre, Petit Verdot, Touriga Franca

Alicante Bouschet, Syrah

# IRENE GRÜNENFELDER

## WEINGUT EICHHOLZ, SCHWEIZ

*»Ich vertraue der Natur«*

EINE KLASSISCHE AUTODIDAKTIN BAUT VON GRUND AUF
EIN WEINGUT AUF UND FÜHRT ES ZUM ERFOLG:
DIE GESCHICHTE VON IRENE GRÜNENFELDER IST EBENSO UNGEWÖHNLICH WIE BEEINDRUCKEND.
IHRE BEIDEN PARADEPFERDE HEISSEN SAUVIGNON BLANC UND PINOT NOIR.

Der Weg zum Weingut Eichholz ist zum Glück gut beschildert, es liegt außerhalb der kleinen Gemeinde Jenins im bündnischen Rheintal, nicht weit von Bad Ragaz. Aus dem Haus, das im 15. Jahrhundert errichtet wurde und dessen Hintergebäude früher eine Spedition beherbergten, tritt dem Besucher eine agile, schlanke Frau entgegen. Es ist die Winzerin Irene Grünenfelder, deren Pinot Eichholz zu den großen Spätburgundern der Schweiz gehört.

Das Transportunternehmen ihres Mannes Hans-Jakob Hunger gab es schon früher als das Weingut, erzählt die gelernte Grundschullehrerin, die später als Journalistin beim *Bündner Tagblatt* arbeitete. Als sie für die Zeitung einen Hilfsgütertransport nach Rumänien begleitete, lernte sie ihren Mann kennen. Der Unternehmer leitete den Transport selbst. Die Familie Hunger hatte in den 1920er Jahren eine ehemalige Pferdewechselstation (»Suste«) an der alten Strecke von Italien nach Deutschland erworben, zu der etwas Land gehörte. Die junge Ehefrau kam auf die Idee, dort Wein anzubauen. In der Flur Eichholz pflanzte sie 1993 die ersten Reben und hatte damit auch schon den Namen des Weinguts gefunden: Eichholz. Das Weingut ist ein Ein-Frau-Betrieb, Irene Grünenfelders Mann kommt gerne verkosten, hat sich aber selbst um seine Firma zu kümmern. Zur Familie gehören die Tochter mit dem schönen Namen Europa, der Sohn Johannes sowie Stella, eine junge Labradorhündin.

Irene Grünenfelders Weine sind jedes Jahr schnell vergriffen. Das liegt zum einen an der geringen Menge, zum anderen an der außergewöhnlichen Qualität. Rund drei Hektar beträgt die Rebfläche, dazu kommen zugekaufte Trauben von Winzern, mit denen Irene Grünenfelder seit Jahren zusammenarbeitet und die, sagt sie lachend, »langsam so arbeiten, wie ich es möchte«. All

das hat sich die Winzerin von der Pike auf erarbeitet. Das heißt: Weinbau im Selbststudium, durch Lesen, Gespräche mit anderen Winzern, auch Weinreisen, Versuch und Irrtum. Mit befreundeten Winzern ist sie in der Gruppe »Vinotiv« tätig, die sich besonders dem Pinot Noir widmet. Weinreisen unternimmt sie regelmäßig und findet es viel interessanter, andere als ihre eigenen Weine zu trinken: »Wenn man immer nur die eigenen Weine im Blick hat, kommt man nicht voran«, sagt Irene Grünenfelder, »und nur mit dem Buch in der Hand kann man keine guten Weine machen«. Sie habe anfangs versucht, Wein nach einer vorgefertigten Idee in ihrem Kopf zu erzeugen – bis ihr klar wurde, dass sie ihren Wein von der Traube her denken müsse, denn, so meint sie: »Auch beim Kochen kann ohne exzellente Zutaten nichts Großes gelingen!« Ihre Devise lautet: »Ich vertraue der Natur und misstraue der Technik und Chemie.«

Großartige Weine gelingen ihr längst. Sie reifen in einem winzigen Keller, in dem ein großes ovales Holzfass und knapp 30 Barriques kaum Platz haben. Die räumliche Enge hat dazu geführt, dass die Winzerin die Trauben vor der eigentlichen Gärung in einem eigens für diesen Zweck angeschafften gekühlten Schiffscontainer lagert. Dort schließen Enzyme die Aromen auf, doch setzt noch keine eigentliche Gärung ein. Auf diese Weise bleiben Most und Maische länger als üblich beieinander.

Um ihren Weinen mehr Struktur zu geben, hat Irene Grünenfelder einen Teil des Leseguts in ganzen Trauben vergoren und den Most dann dem anderen Teil zugegeben. Ihre Pinot-Noir-Klone stammen aus der Schweiz und aus Burgund; sie sind getrennt vinifiziert und reagieren auch im Ausbau unterschiedlich. Zwei Pinottypen baut die Winzerin aus: den im großen Holzfass gereiften Pinot Noir sowie den Pinot Noir Eichholz, der im Barrique lagert.

Als Quereinsteigerin konnte sich Irene Grünenfelder Unkonventionelles leisten. So pflanzte sie 1996 als eine der Ersten im Gebiet Sauvignon Blanc an, aus dem sie einen durch seine Aromenintensität geradezu umwerfenden Wein keltert. Die Autodidaktin freut sich heimlich darüber, dass sich inzwischen andere Winzer an ihr ein Beispiel genommen haben.

Im ehemaligen Stall dieser früheren Pferdewechselstation keltert Irene Grünenfelder ihre Weine. Bald soll im ersten Stock mehr Platz geschaffen werden. Mit ihren Pinots ist die Winzerin beim größten ausschließlich dieser Sorte vorbehaltenen internationalen Wettbewerb, Mondial du Pinot Noir, sehr erfolgreich.

**DAS WEINGUT
IN ZAHLEN**

**WEINGUT EICHHOLZ**
CH-7307 Jenins
Tel. +41-79-7598973
www.weinguteichholz.ch

**REBFLÄCHE**
3 Hektar

**REBSORTEN**
Pinot Noir, Sauvignon Blanc,
Weißburgunder

### PINOT NOIR

---

*Charakterstarke Weine möchte Irene Grünenfelder erzeugen. Das zeigt schon ihr »Basis«-Wein. Ihren Pinot Noir lässt sie acht Monate im großen Holzfass, nicht jedoch im Barrique reifen. Würzige Noten geben der Pinot-Kirschfrucht einen eigenen Ausdruck, das Mundgefühl ist voll und saftig, zugleich fein und elegant, ein geschmeidiger, seidiger Wein mit sehr guter Länge und pikanter Säure, der durch seine Vielschichtigkeit niemals langweilen kann.*

### PINOT NOIR EICHHOLZ

---

*Für den 14 Monate im Barrique ausgebauten Eichholz verwendet die Winzerin nur ihre besten Trauben, die sorgfältig selektiert werden. Seit dem Jahrgang 2005 mazeriert ein separater Teil der Trauben unzerkleinert. Sehr ausgewogene, wunderbar elegante Nase von Schwarzkirsche, Brombeer und etwas dunkler Schokolade, die sich im Glas ausgezeichnet entwickelt; großzügige, dichte Frucht mit lebendiger Struktur, guter Säure, mineralischer Art und schmeich-lerischem Mundgefühl, klassischer burgundischer Typ mit bestens eingebundenem Holz.*

### SAUVIGNON BLANC

---

*Dieser Wein strahlt förmlich: sehr intensiver, an der Luft zuneh-mend mineralischer Stachelbeer-duft, sehr klar und geradlinig, am Gaumen voluminös und wieder mineralisch, zur Hälfte im Barrique ausgebaut. Irene Grünenfelder gefällt am Sauvignon Blanc, dass er sich an der Luft und bei verschiede-nen Temperaturen immer wieder anders präsentiert.*

Pinot Noir

Pinot Noir

Sauvignon Blanc

# DOMINIQUE HAUVETTE

## DOMAINE HAUVETTE, FRANKREICH

*Ein gesundes Lesegut braucht nur noch sich selbst*

DAS EI DES KOLUMBUS STEHT IM KELLER VON DOMINIQUE HAUVETTE,
DER ENTSCHIEDENEN BIOWINZERIN IN SAINT-RÉMY DE PROVENCE:
IHRE WEINE REIFEN IN MANNSHOHEN EIFÖRMIGEN BETONBEHÄLTERN, NICHT IM EDELSTAHL.
WARUM? DIE ANTWORT IST EINE PHILOSOPHIE.

Eine Frau mit kurzen grauen Locken und hellem Blick, lässig in Jeans, die Arme herausfordernd vor der Brust verschränkt, lächelnd. So begegnet Dominique Hauvette dem Besucher. Eine Winzerin, die weiß, was sie will.

Der Mistral durchbraust die Reben, die sich niedrig ducken, der Himmel ist knallblau. Diese südfranzösische Lichtfülle hat schon viele Maler begeistert. Und auch Dominique Hauvette, die Hotelierstochter aus Val d'Isère in Savoyen, Juristin, die ihre Ferien hier verbrachte und 1988 zwei Hektar Rebland bei Les Baux kaufte.

Die Alpilles sind ein spitzzackiger Gebirgszug mit schroffen, weiß schimmernden Kalkfelsen und kurvenreichen Straßen, den man durchqueren muss, wenn man zur alten Stadt (und dem modernen Touristenmagnet) Les Baux gelangen will. Gelegentlich meint man, in eine Kulisse für einen Indianerfilm geraten zu sein. Der Felsen von Les Baux, wo früher Bauxit gewonnen wurde, das zur Herstellung des damals kostbaren Aluminiums diente, ragt weit über die Ebene und die sanfteren Hügel des Umlands hinaus. Olivenbäume und kleine Rebflächen mit kurzen, knorrigen Stöcken wechseln einander ab. Domaine Hauvette liegt nördlich der Berge, ist also schutzlos dem Mistral ausgesetzt, dem kalten Wind, der das Rhônetal hinunterfegt. Die Häuser sind niedrig und haben nach Norden keine oder nur kleine Fenster. Hier ist das raue, karge Hinterland.

Genau richtig für die unermüdliche, zähe Dominique Hauvette, die hierherkam, um Wein zu machen, guten Wein. Einen »vin de garde«, also ein lagerfähiges Gewächs. Der Vorteil der Lage, nämlich der kühlende und trocknende Effekt des Mistral und die sehr kargen, kalkhaltigen und steinigen Böden, sind den Behörden erst nach und nach bewusst geworden. Die erst seit 1995 existie-

Die mannshohen, Beton-»Cuves« werden nicht nur von Dominique Hauvette eingesetzt. Dahinter steckt nicht nur eine Reminiszenz antiker Amphoren, sondern eine ganze Philosophie. Es geht darum, den Wein ungestört reifen zu lassen.

rende Appellation Les Baux umfasst 400 Hektar mit gerade einmal 14 Erzeugern in acht Gemeinden, darunter Saint-Remy de Provence. Fast alle wirtschaften ökologisch, womit die AOC sozusagen eine reine Bioherkunft ist. Erwähnenswert ist, dass in dieser reinen Rotweinappellation neben den traditionellen mediterranen Rebsorten wie Grenache und Carignan auch Cabernet Sauvignon zugelassen ist.

Zwei befreundete Winzer waren ihre »Lehrmeister«, die erfahrenen Biowinzer Noël Michelin von der Domaine des Terres Blanches und Eloi Dürrbach von der Domaine Trévallon, dessen 1990er Wein, damals noch als Vin de Pays klassifiziert, in einer Blindprobe große Bordeauxkaliber schlug. Seit 2003 bewirtschaftet auch Dominique Hauvette ihre inzwischen auf 20 Hektar angewachsene Rebfläche biologisch-dynamisch. Ihre Reben, ihre »Kinder«, werden hingebungsvoll gepflegt. Die Erträge sind niedrig (17 bis 20 Hektoliter pro Hektar), manchmal, wie im Jahrgang 2005, niedrigst: nämlich nur fünf Hektoliter pro Hektar. Man muss sich das bildlich vorstellen: Von 100.000 Quadratmetern werden 500 Liter Wein gewonnen, das macht zwei konventionelle Barriques voll Wein oder rund 700 Flaschen. Diese rigorose Ertragsbeschränkung ist Teil der Philosophie. Denn je weniger Ertrag, desto intensiver die Weine. Dominique Hauvettes Weine sind für ihre Aromenfülle berühmt. Schon beim ersten Concours der Appellation ragten sie heraus.

Der Erfolg liegt im besonderen Terroir. Die Böden bestehen aus sandhaltigem Ton und Kalkstein. In Dominique Hauvettes Weinbergen findet man viele Fossilien aus der Kreidezeit. Dieser Kalkgehalt macht die Weine finessenreich und elegant.

Dem Besucher ihres Kellers – die Domaine ist nicht wie die meisten Weingüter der Gegend jederzeit für Besucher zum Probieren und Einkaufen geöffnet, dafür hat die

## DAS WEINGUT IN ZAHLEN

### DOMAINE HAUVETTE
Chemin du Trou-des-bœufs
Quartier de La Haute Galine
F-13210 Saint-Rémy de Provence
Tel. +33-4-9092 0390
Fax +33-4-90920891
domainehauvette@wanadoo.fr

### REBFLÄCHE
20 Hektar

### REBSORTEN
Clairette, Marsanne, Roussanne, Grenache, Syrah, Carignan, Cabernet Sauvignon, Cinsault

Winzerin zu wenig Zeit – fallen die mannshohen, eiförmigen »Cuves« auf. Sie sind aus Zement, nicht aus Edelstahl gefertigt. Die Idee dahinter: näher ans Terroir kommen, indem man elektromagnetische Störungen durch Metall ausschaltet und einen noch besseren Hefekontakt ermöglicht. Mit diesen an antike Tongefäße angelehnten Behältern experimentieren auch schon andere Biowinzer, darunter Nicolas Joly, der Kultwinzer und Biodynamie-Superstar von der Loire. Sie erlauben durch ihre feine Porösität auch einen langsamen Sauerstoffkontakt.

Für die Winzerin sind diese Gefäße ein Weg, die Aromen der Traube unverfälscht zu erhalten. Kenner halten dies für die längst fällige Antwort auf den übertriebenen Holzeinsatz, der besonders für die Weine der Neuen Welt kennzeichnend ist.

Die Weinbereitung erfolgt sehr schonend – schließlich haben die Reben schon im kargen Boden Arbeit geleistet und gelitten. Die Trauben werden nicht entrappt, und während der Mazeration wird die Maische nur von Hand untergetaucht (*pigeage*), aber nicht gepumpt.

Das Barrique setzt Dominique Hauvette noch ein, möchte aber später darauf verzichten. »Die Säure des Weins und der Kalkgehalt des Terroirs sind Gegensätze, die in eine Balance kommen müssen wie Yin und Yang«, sagt die Winzerin. Wer den Duft der blühenden Lavendelbüsche am Weg, das Schattenspiel der Oliven- und Mandelbäume und die Wärme der Sonne spürt, der kann gar nicht anders als ein tiefes Harmoniegefühl zu empfinden. Mensch und Rebe: eins.

## BLANC DE BLANCS
### VIN DE PAYS DES BOUCHES DU RHÔNE

---

*Ein Wein aus den traditionellen Rebsorten der Region: Marsanne, Roussanne, Clairette. Ausbau im gebrauchten Barrique, keine Filterung. Ein sehr stabiler Wein, der sich erst nach einer Weile an der Luft so richtig öffnet. Noten von Birne, Apfel, ein Hauch Akazienhonig und wenig spürbares Holz, saftig und elegant durch eine sehr erfrischende Säure, die für Spiel sorgt. Der Wein hat Lagerpotenzial und ist so kraftvoll, dass er mühelos mediterran-würzige Geflügelgerichte oder gebratenen Fisch begleitet.*

## ROUGE AOC
### LES BAUX DE PROVENCE

---

*Die AOC Les Baux existiert seit 1995 und erlaubt neben den traditionellen Sorten Südfrankreichs (Grenache, Syrah und andere) auch einen Anteil von Cabernet Sauvignon. Im Duft schwarze Beeren, Leder, viel Würze zwischen Rosmarin und Zimt, dicht und fast wuchtig, aber die feine Säure sorgt für die nötige Eleganz. Manche Kritiker nennen den Wein feminin. Aber es ist die Feminität der Provence, schlank, sehnig, fest. Nicht zu jung trinken, er wird mit der Zeit gewinnen.*

Marsanne, Roussanne, Clairette

Grenache, Syrah, Cabernet Sauvignon

# SILVIA HEINRICH

## WEINGUT J. HEINRICH, ÖSTERREICH

### *Eine starke Frau der terra o.*

IHR VATER JOHANN HAT INNERHALB EINES JAHRZEHNTS AUS EINEM FASSWEINLIEFERANTEN
EINES DER FÜHRENDEN ROTWEINGÜTER ÖSTERREICHS GEMACHT.
SILVIA HEINRICH SETZT DIE ARBEIT MIT HERZ UND SEELE FORT UND FÜHRT DEN BLAUFRÄNKISCH
ZU NEUER GRÖSSE. DIE ERFOLGE BEI PRÄMIERUNGEN MACHEN IHR SICHTLICH FREUDE.

Silvia Heinrich strahlt von innen. Die junge Winzerin weiß sich am rechten Platz, in ihrer Familie, im Keller, im Weinberg. Pure und ansteckende Lebensfreude verkörpert sie, der Erfolg ihrer Weine beflügelt sie. Schließlich, sagen die Heinrichs über sich, ist Wein für sie mehr als ein Achtstundentag – er ist ihr Leben. Das muss man wörtlich verstehen. Der Name Mouton-Rothschild ist schon in einem Atemzug mit einem Wein vom Weingut J. Heinrich in Deutschkreutz genannt worden. Ebenso viele Punkte vergab eine angesehene amerikanische Zeitschrift, aber der Österreicher ist für einen Bruchteil des Preises für den klassifizierten Bordeaux zu haben – sofern er nicht ausverkauft ist.

Bordeaux (namentlich Château Cheval-Blanc) war für Johann Heinrich Vorbild, als er Anfang der 1990er Jahre beschloss, seinen Wein selbst abzufüllen und den Keller umzustellen. Eigentlich blieb ihm nichts anderes übrig, denn der Abnehmer seiner bis dahin als Fassware verkauften Weine hatte den Liefervertrag plötzlich gekündigt. So war er gezwungen, sich nach und nach einen eigenen Kundenstamm aufzubauen. Erschwerend kam hinzu, dass seine Frau Gerti einen schweren Arbeitsunfall hatte. Silvia Heinrich erinnert sich noch genau. Damals war keine gute Zeit für die ganze Familie, die schon seit 300 Jahren in der Landwirtschaft und Weinerzeugung tätig war.

Der Bruder wollte in das Weingut nicht einsteigen. Und sie? »Damals war die Zeit nicht danach«, erinnert sich Silvia Heinrich, die schon als Kind gerne Winzerin werden wollte. So ging sie nach ihrer Ausbildung und verschiedenen Praktika im Ausland (Braida di Giacomo Bologna im Piemont, Müller-Catoir in der Pfalz) zunächst nach Wien, um bei der Österreichischen Weinmarketingservicegesellschaft zu arbeiten. 2002 kehrte sie ins elterliche Weingut zurück und hei-

ratete. Der Hochzeitswein war der Cupido 2000, eine hochkarätige Cuvée, die schon im neu errichteten Kellereigebäude reifte. Mit dem charakteristischen Rundbau – an den Innenwänden reihen sich blitzende Tanks – zitiert das Gebäude das Bordeauxchâteau Cheval-Blanc und gehört zu den Architekturhighlights im Mittelburgenland, das auch Blaufränkischland genannt wird.

Blaufränkisch: Dieser Sorte, die den größten Teil der Heinrichschen Reben ausmacht, gilt Silvia Heinrichs Leidenschaft: »Der Blaufränkisch spiegelt den dichten, lehmhaltigen Boden des Mittelburgenlandes wider und hat eine lebendige Säurestruktur.« Noch vor dreißig Jahren spielte der Rotwein kaum eine Rolle im Mittelburgenland, obwohl der Blaufränkisch – auch in Ungarn bekannt – wahrscheinlich seit dem 11. oder 12. Jahrhundert dort heimisch ist. Heute haben die Rotweinsorten im Mittelburgenland einen Anteil von 80 Prozent.

Der 2004 Cupido coup de foudre ist ein Blaufränkisch, der 30 Monate im kleinen Eichenfass verbracht hat: Liebe auf den ersten Blick, für Blaufränkisch, aber auch alle anderen schönen Dinge des Lebens, erklärt Silvia Heinrich. Im Weingut J. Heinrich wird auch ein wenig Weißwein ausgebaut (»für die Mama«, sagt die Winzerin, die übrigens selbst Mutter der kleinen Julia ist).

Die Weine tragen auffallende Namen – man spürt den Einfluss der Marketing-Fachfrau: Neben dem Cupido gibt es den terra o. (O steht für Oppidorum, den alten lateinischen Namen des Burgenlandes), eine Cuvée aus einheimischen und internationalen Sorten, den Siglos (ein Zweigelt, nach seiner Lage benannt), den Maestro, den elegy, eine Premiumcuvée aus Cabernet Sauvignon und Merlot, die unglaubliche 30 Monate im Barrique und danach noch ein Jahr in der Flasche reift. Ganz klassisch nennt sich der Spitzenblaufränkisch des Hauses nach einem Weinberg, in dem die Großeltern 1947 Blaufränkischreben setzten, die noch heute Ertrag bringen: Goldberg Reserve.

Seit 2000 steht der neue Keller zur Verfügung – modernste Technik für das Auge und für den Gaumen. Der charakteristische Rundbau erinnert an eines der besten Bordeaux-châteaux. Doch hier entstehen fast ausschließlich Weine aus der Rebsorte Blaufränkisch, die teilweise außergewöhnlich lange im Barrique reifen.

## DAS WEINGUT IN ZAHLEN

### WEINGUT J. HEINRICH
Karrnergasse 59
A-7301 Deutschkreutz
Tel. +43-2613-89615
Fax +43-2613-896154
www.weingut-heinrich.at

### REBFLÄCHE
40 Hektar

### REBSORTEN
Blaufränkisch, St. Laurent, Zweigelt, Pinot Noir, Merlot, Cabernet Sauvignon, Syrah, Sauvignon Blanc

**BLAUFRÄNKISCH**

**GOLDBERG RESERVE
BLAUFRÄNKISCH**

**TERRA O.**

---

*Blaufränkisch kann so sein:
saftig, fruchtig, beerig, feinwürzig –
davon möchte man gleich noch
einen Schluck mehr. Silvia Heinrich
nennt dieses Gefühl »Gusto«,
Johann Heinrich sagt von
solch einem Wein, er sei
»trinkanimierend«. Kann man
die Art dieses Blaufränkisch
treffender ausdrücken?*

*Auf drei Hektar stehen im
Goldberg – im »alten Weingebirge«
südöstlich von Deutschkreutz,
nahe der Grenze zu Ungarn –
auf Lehm-Kalkboden Blau-
fränkischreben, die Silvia Heinrich
besonders liebt. Sie stammen aus
dem Hochzeitsjahr der Großeltern.
Die Reserve ist 18 Monate im
Barrique ausgebaut und zeigt
Blaufränkisch in Reinkultur:
vollfruchtig, mit Noten von reifen
schwarzen Beeren und lebendiger,
ja brillanter Säurestruktur.*

*Die Idee für den Namen stammt
von Österreichs Bundespräsidenten
Heinz Fischer. In der Cuvée aus
Blaufränkisch, Cabernet
Sauvignon, Merlot, Syrah und
Zweigelt vereinen sich Tiefe,
Frucht, Eleganz und Struktur
zu einem der besten Rotweine
des Landes.*

Blaufränkisch

Blaufränkisch

Blaufränkisch, Cabernet Sauvignon,
Merlot, Syrah, Zweigelt

# ANNE-CLAUDE LEFLAIVE

DOMAINE LEFLAIVE, FRANKREICH

## *Biodynamie als Normalität*

WER VERSTEHEN MÖCHTE, WARUM GROSSE WEISSE BURGUNDER ZU DEN GROSSARTIGSTEN
WEINEN DIESER WELT ZÄHLEN, MUSS EINEN GRAND CRU VOM MONTRACHETBERG PROBIEREN.
ZU DEN ALLERBESTEN UND AUSDRUCKSSTÄRKSTEN GEHÖREN DIE GEWÄCHSE VON
ANNE-CLAUDE LEFLAIVE, DIE EINE DER FÜHRENDEN DOMAINEN BURGUNDS LEITET.

Als erste Frau in drei Generationen leitet Anne-Claude Leflaive, eine Ikone des burgundischen
Weinbaus, die Domaine Leflaive in Puligny-Montrachet. In noch nicht einmal 20 Jahren hat die wil-
lensstarke, schlanke Frau, deren weiße kurze Locken schon von weitem leuchten, dem ehrwürdigen Familiengut nicht nur seinen Platz an der Spitze gesichert, sondern ganz entscheidende Weichen
gestellt. Dazu zählt die von ihr betriebene Umstellung auf biologisch-dynamische Bewirtschaftung,
in Frankreich auch Biodynamie genannt.

Man muss sich vorstellen, was das in einem der traditionsreichsten Anbaugebiete heißt, wo,
wie Anne-Claude Leflaive bedauernd feststellt, alte Gewohnheiten besonders fest verwurzelt sind,
und in einem Betrieb, der vier Familien gehört. Vier der fünf Kinder des 1993 verstorbenen Vincent
Leflaive sind mit ihren Familien Eigentümer der zu 100 Prozent im Familienbesitz befindlichen
Domaine, die 1905 von Joseph Leflaive gegründet wurde.

Den Namen Leflaive oder Le Flayve gibt es seit 1580 in der Region. 1717 zog Claude Leflaive in
das heutige Weingut ein, dessen Sohn, ebenfalls Claude genannt, später die Weinberge unter seine
Erben aufteilte. Einer davon hieß abermals Claude; er war der einzige, der seinen Besitz weiterver-
erbte. Der Enkel dieses dritten Claude Leflaive war der erwähnte Joseph Leflaive.

Anne-Claude Leflaives Großvater hatte die Eliteschule École Polytechnique als Ingenieur abgeschlossen, war in der Welt herumgekommen, hatte beim Bau des ersten französischen Untersee-
boots mitgewirkt und dann mit einer Firma Konkurs gemacht. Danach war er in die Familien-
domaine in Puligny-Montrachet zurückgekehrt. Nach der Reblauskatastrophe nutze er mit
Weitblick die Gelegenheit und kaufte unter anderem 25 Hektar bestes Rebland sowie Keller und

Die Route des Grands Crus verbindet alle wichtign Weinorte der Côte d'Or miteinander. Ein häufiger Anblick sind die von Bruchsteinmauern eingefassten Weinberge, die Clos. Sie sind, wie die Spitzenlagen in Puligny-Montrachet, schon seit dem Mittelalter für ihre herausragenden Terroirqualitäten bekannt.

Häuser. Seine beiden Söhne Vincent und Joseph-Régis führten das Gut weiter. Anne-Claude Leflaives Cousin Olivier Leflaive, der Sohn von Joseph-Régis, betreibt inzwischen seine eigene Domaine in Puligny, was wegen der Namensgleichheit gelegentlich zu Verwechslungen führt.

Für Anne-Claude Leflaive, Mutter dreier Kinder, ist es sehr wichtig, dass der Betrieb, den sie seit 1990 leitet – seit 1994 allein –, eine Familienangelegenheit bleibt. Der gemeinsame Wille habe das Gut wachsen lassen. Zweimal im Jahr versammeln sich die rund 30 Eigentümer, um Bilanz zu ziehen und gemeinsam Beschlüsse zu fassen. Die richtungsweisende Schlüsselentscheidung war Anne-Claude Leflaives persönliche Initiative: die Umstellung auf biologisch-dynamische Wirtschaftsweise.

»Mir war Ende der 1980er Jahre klar geworden, dass den Weinen Substanz und Balance fehlte und im Boden viel zu viele Giftstoffe waren. Wir brauchten sehr viele Mittel gegen Krankheiten und Schädlinge«, erklärt die Winzerin, die schon als Kind bei der Ernte half und später in Dijon Önologie studierte, nachdem sie sich wie ihr Großvater in der Welt umgesehen hatte. Die Begegnung mit François Bouchet, einem Propagisten der biologisch-dynamischen, von Rudolf Steiner begründeten Denkrichtung, sowie mit dem Boden-Mikrobiologen Claude Bourguignon wirkte wie ein Katalysator.

Als Esoterikerin betrachtet sich Anne-Claude Leflaive aber keineswegs, auch wenn der eine oder andere Nachbar sie damals als »Sorcière«, als Hexe, betrachtet habe (»wegen meiner weißen Haare kam man wohl rasch auf den Gedanken«). Überzeugt haben sie, die sich als Empirikerin bezeichnet, die Untersuchungen des Bodenbiologen, der in biologisch-dynamisch bewirtschafteten Böden ein Vielfaches an Lebewesen zählte im Vergleich mit Proben aus konventionell bewirtschafteten Weinbergen.

Endgültig überzeugt hat sie ein einzigartiges Experiment: Sieben Jahre, von 1990 bis 1997, hatte sie biologisch-dynamische und biologisch bewirtschaftete Parzellen parallel unter Ertrag und konnte in aller Ruhe vergleichen. Welche Weine waren komplexer, welche Reben lieferten die besseren Trauben? Der Unterschied: Während beim Ökoweinbau lediglich auf Kunstdünger und chemische Pflanzen- und Schädlingsbekämpfungsmittel verzichtet wird, richtet der biologisch-dynamisch wirtschaftende Winzer seine Tätigkeit nach kosmischen Konstellationen und Mondphasen aus (an ganz bestimmten Tagen wird geerntet oder gedüngt) und dynamisiert seinen Boden mit Präparaten, die beispielsweise die Energie des Lichts an die Pflanzen abgeben.

Die Weingüter in Puligny-Montrachet, auch die Domaine Leflaive, strahlen einen diskreten Charme aus. Der zur Schau getragene Wohlstand eines Bordelaiser Châteaus ist ihnen fremd. Der erste Leflaive, der 1717 in Puligny-Montrachet ansässig wurde, stammte aus Demigny.

Anne-Claude Leflaive ist stolz darauf, ihren Besitz um ein neues Weingut im südlichen Burgund erweitert zu haben. Als Präsidentin der Vereinigung »Terre et Vin de Bourgogne«, Mitinitiatorin von »Terre et Vin du Monde« und Begründerin der École du Vin et du Terroir ist sie eine wichtige Botschafterin des burgundischen und des französischen Weins.

Zahlreiche Verkostungen mit Fachleuten und Kunden, bei denen immer wieder die Weine aus den Biodynamie-Parzellen eindeutig besser abschnitten, waren ihr Beweis genug. 1997 fiel die Entscheidung, vollständig auf Biodynamie umzustellen. 1998 war die erste rein biologisch-dynamische Ernte. Der langjährige Kellermeister Pierre Morey war längst auf ihrer Seite, und der für die Weinberge verantwortliche Mitarbeiter war vom weit besseren Gesundheitszustand der Reben begeistert.

Trotzdem: Leicht war es nicht. Aber Anne-Claude Leflaive sagt von sich: »Wenn ich ein Vorhaben umsetzen will, mache ich das konsequent bis zum Schluss und achte nicht auf das, was andere dazu sagen.« Damals jedoch hatte sie sich heimlich vorgenommen, im Falle des Scheiterns das Weingut aufzugeben und etwas ganz anderes zu machen. Es ist anders gekommen. Von Jahr zu Jahr gewannen die Weine der Domaine Leflaive an Eleganz, Tiefe und Ausgewogenheit. Die Reben sind widerstandsfähiger geworden. Der etwas höhere Personalbedarf wird dadurch aufgewogen, dass nicht mehr tonnenweise Dünger und andere Chemieprodukte in die Weinberge gebracht werden müssen. Die biologisch-dynamischen Präparate werden in sehr geringen Mengen verwendet und können teilweise auch selbst hergestellt werden. Dass die Mitarbeiter in den Weinbergen viel zufriedener und motivierter sind, weil sie in einer giftfreien, gesunden Umgebung arbeiten, ist der Winzerin Gold wert.

Kämpferisch ist Anne-Claude Leflaive, Sternzeichen Steinbock, immer gewesen. Sie setzt sich gegen Gentechnik ein und fordert, dass auf allen Lebensmittelprodukten genau über die Herstellung informiert wird. »Warum werden nur wir zertifizierten Betriebe streng kontrolliert?«, fragt sie. Auf den Flaschen der Domaine Leflaive findet man indes keine Ökologos oder Hinweise auf Biodynamie. »Warum denn? Was wir machen, ist doch die Normalität«, sagt sie. Die anderen, die mit Giften wirtschaften, seien die eigentlichen Außenseiter und sollten darüber gefälligst Aufschluss geben.

## DAS WEINGUT IN ZAHLEN

**DOMAINE LEFLAIVE**
Place des marronniers
F-21190 Puligny-Montrachet
Tel. +33-3-80213013
Fax +33-3-80213957
www.leflaive.fr

**REBFLÄCHE**
28 Hektar

**REBSORTE**
Chardonnay

Elegante, finessenreiche Weine zu machen, die das Terroir soweit wie möglich ausdrücken, hat sich Anne-Claude Leflaive zum Ziel gesetzt. Im Weingut herrscht Beständigkeit, obwohl hin und wieder ein paar Parzellen hinzukommen. Vor einiger Zeit kaufte sie ein paar Hektar im Mâconnais, weil es sie reizte, auch dort die Wirkung der biologisch-dynamischen Wirtschaftsweise zu beobachten. Das Gut wird von ihrem Cousin Paul de Noue geleitet.

Leflaive bietet das gesamte weiße Burgundportfolio an vom einfachen AOC bis zum Grand Cru. Die Familie Leflaive besitzt Parzellen von insgesamt fünf Hektar in den Grands Crus Bienvenues-Bâtard-Montrachet, Bâtard-Montrachet, Chevalier-Montrachet und Le Montrachet. Vom letztgenannten werden nur 300 Flaschen produziert.

Die vier Grands Crus sind der Stolz nicht nur von Anne-Claude Leflaive, sondern von allen Winzern der Gemeinde Puligny-Montrachet. Sie liegen nebeneinander westlich von Puligny-Montrachet und umfassen zusammen etwa 31 Hektar, wobei Teile des Le Montrachet und Bâtard-Montrachet zur Nachbargemeinde Chassagne gehören. Während Bienvenues-Bâtard-Montrachet etwa dreieinhalb Hektar umfasst, sind die anderen Grand-Cru-Lagen etwas größer. Le Montrachet kommt auf knapp acht Hektar, von denen die Hälfte zu Puligny-Montrachet gehört. Wie häufig in Burgund, teilen sich zahlreiche Eigentümer die Parzellen; manchen Winzern gehören nur ein paar Rebzeilen.

Das Mosaik der Lagen und die teils scharfe Trennung zwischen den Qualitätsstufen ist in der kleinräumigen Bodenvielfalt begründet, wie sie typisch für Burgund ist. An den Hängen treten zahlreiche Schichten zutage. Die Grands Crus von Puligny-Montrachet weisen einen sehr kalkreichen Untergrund auf. Der Felsen ist mit einer an manchen Stellen sehr dünnen Schicht aus Mergel und Geröll überzogen. Die Wurzeln der Reben dringen also tief in den Kalkfelsen ein. Dadurch extrahieren die Weine ihre enorme Mineralität.

Die Premiers Crus und Grands Crus, die zu den besten ihrer Art gehören, sind außergewöhnlich lange lagerfähig. Für Anne-Claude Leflaive ist die Behauptung, Rotweine hätten mehr Potenzial als Weißweine, ein Märchen.

Anne-Claude Leflaive liegt sehr daran, anderen ihre Weine und das Mysterium des Weins an sich verständlich und erfahrbar zu machen. Im Mai 2008 wurde die von ihr und anderen Winzern, darunter Aubert de Villaine von der Domaine La Romanée-Conti, Dominique Lafon und Pierre-Henri Gagey, begründete École des Vins et du Terroir eröffnet. Hier werden Seminare für Weinliebhaber und Fachleute angeboten. Insbesondere die Biodynamie wird den Teilnehmern näher gebracht. Unter den Dozenten sind auch Claude und Lydia Bourguignon, die ein mikrobiologisches Institut betreiben und wichtige Impulsgeber des neuen Terroirbewusstseins sind.

**PULIGNY-MONTRACHET AOC**

*Der »einfache« Puligny-Montrachet reift wie die größeren Leflaiveweine lange und ohne Zeitdruck. Die Vergärung erfolgt im Barrique, der Ausbau erst im Barrique (zwölf Monate), dann im Edelstahltank. Er zeigt die typischen Eigenschaften der Leflaiveschen Burgunder: hochelegant, tief und dicht, dabei finessenreiches Spiel, würzige Note, mineralisch – ein für diese Qualitätsstufe ungewöhnliches Format. Die zum Verschnitt verwendeten Grundweine aus verschiedenen Parzellen wurden alle getrennt vinifiziert; die Reben sind im Schnitt über 40 Jahre alt.*

Chardonnay

# CHANTAL LEBRETON

## CHÂTEAU LA CROIX DE GAY, CHÂTEAU LA FLEUR DE GAY, CHÂTEAU FAIZEAU, FRANKREICH

### »Unsere Nachbarn hielten uns für Verrückte«

EIN KLEINES, ABER FEINES CHÂTEAU IN POMEROL IST DAS REICH VON CHANTAL LEBRETON, DIE 1997, NACH DEM TOD IHRES VATERS NOËL RAYNAUD, ZUSAMMEN MIT IHREM BRUDER DIE LEITUNG ÜBERNOMMEN HAT. SCHON VORHER ZEICHNETE DIE WINZERIN VERANTWORTLICH FÜR DIE WEINE VON CHÂTEAU FAIZEAU. IM HART UMKÄMPFTEN MARKT HAT SIE ES GESCHAFFT, IHREN WEINEN EINEN NAMEN ZU VERLEIHEN.

Viele Châteaux des Bordelais – die Bezeichnung bedeutet dort bekanntlich so viel wie Weingut, doch viele ähneln tatsächlich Schlössern – wurden erst im 18. oder 19. Jahrhundert von reichen Bürgern erbaut. Nicht wenige gehören heute Versicherungskonzernen und anderen anonymen Investoren. Bei der sympathischen Chantal Lebreton ist das anders. Sie versteht sich als Familienwinzerin aus einer Jahrhunderte alten Tradition heraus.

Ihre Familie, die Raynauds, bauten schon im 15. Jahrhundert (1477 erwähnt) Wein an. Als Besitzer von – unter anderem – Château La Croix de Gay waren die Raynauds Persönlichkeiten auf der Rive droite, dem rechten Ufer, zu dem die berühmten Weinstädtchen Saint-Emilion und Pomerol gehören. Pomerol ist ein kleines Anbaugebiet mit knapp 800 Hektar Rebfläche und über 150 Weingütern. Fast jede Familie ist mit dem Weinbau verwachsen.

Chantals Bruder Alain Raynaud, der heute nicht nur seine eigenen Weine macht, sondern auch als beratender Önologe tätig ist, hatte allerdings zunächst einen anderen Weg eingeschlagen und war 25 Jahre lang als Mediziner in einer Klinik tätig. Dann erst kehrte er wieder zum Wein zurück. Er kaufte 1997 Château Quinault l'Enclos in Saint-Emilion, war von 1994 bis 2000 Präsident der Union des Grands Crus de Bordeaux und ist Vorsitzender des Cercle Rive Droite, dem rund 130 Châteaux angehören.

Chantal Lebreton, seit fast vier Jahrzehnten mit dem Mediziner Michel Lebreton verheiratet und Mutter dreier erwachsener Söhne, die ebenfalls Medizin studiert haben, wuchs auf dem Familienchâteau als Tochter eines bedeutenden Winzers auf. Das war ihre Lehre. »An seiner Seite bin ich ausgebildet worden«, erinnert sich die Winzerin an ihren 1997 verstorbenen Vater.

Noël Raynaud, der Visionär von Château La Croix de Gay, hatte Anfang der 1980er Jahre das ungewöhnliche Potenzial dreier Hektar Rebfläche mit alten Merlotstöcken auf dem Plateau von Pomerol erkannt. Die Parzelle befindet sich unweit der Prestigegüter Pétrus – das nur ein paar hundert Meter entfernt liegt –, L'Evangile und Lafleur. Dieser Cru wurde 1982 erstmals unter dem Namen Château La Fleur de Gay abgefüllt. Das hätten die Nachbarn damals nicht begriffen, erzählt die Winzerin. »Die hielten uns für Verrückte.«

Heute ist diese »Micro-Cuvée«, die in einem kleinen, niedrigen Keller in Barriques reift, einer der begehrtesten Pomerols. Den 2005er Jahrgang bewertete der US-Weinkritiker Robert Parker mit 94–96 Punkten. Die Flächen von Château La Croix de Gay belaufen sich auf 10 Hektar. Dort ist der Boden mehr mit Sand durchmischt. Im Gegensatz zum La Fleur de Gay, der nur in neuen Barriques reift, werden für den La Croix de Gay zur Hälfte gebrauchte Barriques verwendet.

Château Faizeau liegt in der kleinen Appellation Montagne Saint-Emilion, einer der als Satelliten von Saint-Emilion bekannten Herkünfte. Seit 1983 verantwortet Chantal Lebreton die Weine, die als einige der besten dieser Appellation gelten. 2005 erreichte der Château Faizeau Vieilles Vignes 92 Parkerpunkte. Alt sind etwa die Hälfte der Reben, die auf 12 Hektar auf kalkhaltigen Böden wachsen. Die Anlagen wurden zum Teil vor 1911 angelegt. Die übrigen Trauben liefern den Wein, der unter der Bezeichnung Chants de Faizeau vermarktet wird.

Chantal Lebreton ist in beiden Appellationen zu Hause und kennt die feinen Unterschiede der Terroirs sehr genau. »Die Pomerolweine werden wegen ihrer seidigeren und geschmeidigeren Tannine oft als die feminineren Weine im Vergleich zu Saint-Emilion betrachtet«, erklärt die Winzerin. »Das liegt einfach am Terroir.« Ihre Faizeau-Weine sind reinsortige Merlots – wie viele Pomerolgewächse – und stammen von

Château La Croix de Gay liegt in unmittelbarer Nachbarschaft einiger illustrer Weingüter in Pomerol. Die Merlottrauben aus den besten Parzellen auf dem Plateau – wo die besten Böden der Appellation liegen – werden als La Fleur de Gay im Weingut, jedoch in einem eigenen Keller getrennt vinifiziert. Chantal Lebreton stammt aus einer seit dem 15. Jahrhundert Weinbau treibenden Familie, aber sowohl ihr Bruder, ein bekannter Önologe, als auch ihr Mann und ihre drei Söhne waren und sind als Mediziner tätig.

Reben, deren Ertrag auf 30 bis 35 Hektoliter pro Hektar reduziert wird. Sie sind daher besonders geschmeidig und üppig-fruchtig.

Die Pomerolwinzer haben keine Klassifizierung wie die Nachbarn in Saint-Emilion. Fragt man sie danach, so antworten sie gelegentlich: »Unsere Weine sind doch ohnehin die besten, wozu sollen wir uns noch klassifizieren?« Ob ihr Pomerol besser sei als ihr Montagne Saint-Emilion, lässt Chantal Lebreton lächelnd offen. Jeder Wein, der sein Terroir perfekt zum Ausdruck bringt, ist gut, der Rest ist Sache des Geschmacks.

Das Terroir von Pomerol ist auf dem so genannten Plateau – das in Wahrheit keine 50 Meter über dem Meeresspiegel liegt – am besten. Es besteht aus mehr oder weniger kiesreichem Lehm auf einer eisenhaltigen Schicht, während in der »Ebene« der Sandanteil höher ist. Innerhalb weniger Meter ändert sich die Zusammensetzung – was Auswirkungen auf die einzelnen Weine hat.

Ihre Rebflächen bewirtschaftet Chantal Lebreton gemäß der »lutte raisonnée«, was so viel bedeutet wie naturnaher Anbau. Soweit wie möglich wird auf Chemie im Weinberg verzichtet. Der blitzsaubere Keller und die routinierte Art, wie Chantal Lebreton regelmäßig Fassproben zieht, verraten, wie sehr die Winzerin ihr Handwerk beherrscht. Jeder Griff sitzt, nichts ist überflüssig. Man schmeckt es auch in den Weinen.

Ihren Mann Michel hat Chantal Lebreton längst mit ihrer Begeisterung angesteckt. Der ehemalige Militärarzt sei schon immer ein passionierter Weinliebhaber gewesen. Noch als Medizinstudent habe er ein Önologiediplom erworben. Heute hilft er im Weingut. Ihre drei Söhne, Jean-Pascal, Olivier und Julien, sind dem Wein ebenso geneigt wie ihren jeweiligen Tätigkeiten als Hals-Nasen-Ohren-Arzt, Augenarzt und Kieferchirurg. Das passe doch ausgezeichnet, lacht Chantal Lebreton: Wer gut verkosten will, brauche doch einen funktionierenden Geruchssinn, gute Augen und »une bonne bouche«.

**CHÂTEAU LA FLEUR DE GAY**
**POMEROL AOC**

---

*Der reinsortige Merlot wird zu hundert Prozent in neuen französischen Eichenbarriques ausgebaut. Konzentriert und geschmeidig, füllt er den Mund mit herrlichen Aromen von Pflaumen, reifen Brombeeren, Lakritz und würzigen Noten. Die Mineralität verleiht ihm Eleganz und Finesse. Die Tannine sind anfangs markant und runden sich mit der Zeit. Ein geschliffener Pomerol mit großem Potenzial, der mehrere Jahrzehnte reifen kann. Es werden 6.000 bis 9.000 Flaschen hergestellt.*

Merlot

# MARÍA JOSÉ UND MERCEDES LÓPEZ DE HEREDIA

BODEGA LÓPEZ DE HEREDIA VIÑA TONDONIA, SPANIEN

## *Philosophie des Urgroßvater – Perspektive für die Zukunft*

ZEIT IST LUXUS. SO GESEHEN VERWÖHNEN MARÍA JOSÉ LÓPEZ DE HEREDIA UND MERCEDES IHRE RIOJAWEINE. SIE LASSEN IHNEN WEIT MEHR ZEIT, ALS VOM GESETZ GEFORDERT. DIE JUNGEN WINZERINNEN AUS EINER DER ÄLTESTEN SPANISCHEN WEINFAMILIEN STEHEN FÜR KONTINUITÄT WIE KAUM EIN ANDERER PRODUZENT.

Es ist noch fast alles wie früher in dem Weingut mit dem markanten Turm, dem Txori Toki (baskisch für Vogelhaus). María José López de Heredia, eine kleine, energiegeladene Frau mit wachem Blick unter markanten Augenbrauen, leitet zusammen mit ihrer Schwester Mercedes (auf dem Foto links) und ihrem Bruder Julio César die älteste Familienbodega in Haro, der Hauptstadt des Anbaugebiets Rioja.

Seit 1877 herrscht hier durch alle Generationen der Geist des Gründers Don Rafael López de Heredia y Landeta. Dieser hatte in Frankreich für ein Weinhandelshaus gearbeitet und war von einer Vision besessen: in seiner Heimat Qualitätsweine zu erzeugen, *vinos finos.* »Wir bauen unsere Weine ausschließlich nach natürlichen und traditionellen Methoden aus«, erklärt die Önologin. Gelebte Tradition also und alles andere als ein verstaubtes Credo, kein Gegensatz zu herausragender Qualität – eher die Grundlage dafür. Wie zeitgemäß diese Einstellung ist, unterstreichen architektonische Details des neuen Verkostungspavillons unter einem Glasdach, das auf L-förmigen Stahlträgern ruht. Der Eingang an der Seite ähnelt einer Karaffe; im Inneren ist ein Messestand von 1901 aufgebaut. Entworfen hat das die britische, in Bagdad geborene Stararchitektin Zaha Hadid.

Der größte Teil der weitläufigen Anlage hat den Charme eines Museums der vorletzten Jahrhundertwende. Eine amerikanische Windmühle, wie man sie aus Westernfilmen kennt, ragt über die Dächer. In den Kellern, die merkwürdige Namen haben wie El Cementerio (der Friedhof), lagern rund 15.000 Barriques und 72 große Eichenfässer. Edelstahltanks gibt es nicht. Die López de Heredia sind stolz darauf, dass noch lange nicht alle Arbeiten an der Bodega abgeschlossen sind. Das sei wie bei den Kathedralen des Mittelalters.

Ihre Gran Reservas liegen weit länger als die vom Gesetz geforderten zwei Jahre in der Eiche. Manchmal sechs, sieben oder sogar zehn Jahre. Danach folgt die Reifezeit in der Flasche. Erst dann wird vermarktet. Ist das ein Anachronismus in einer Epoche, die den Begriff Zeitmanagement geprägt hat? Selbstbewusst und ein wenig trotzig sagt María José: »Warum sollen wir uns dafür ständig rechtfertigen? Wir machen die Weine so, weil sie uns schmecken und weil wir das so wollen.«

Die Önologin María José López de Heredia versteht ihre Arbeit als konsequente, nahtlose Fortsetzung der Philosophie ihres Urgroßvaters, der sich von Frankreich inspirieren ließ zu einer Zeit, als noch niemand von Riojawein sprach. Aus ihr spricht mediterran-wortreich wahrer Enthusiasmus. Gelegentlich wird den López de Heredia von Kritikern vorgeworfen, zu sehr an überkommenen Traditionen festzuhalten. Doch wer mit der Winzerin in den Kellern stöbert – und María José kennt alle Flaschen, die von Staub überzogen in den dunklen Nischen ruhen –, macht ungeahnte Entdeckungen: uralte Jahrgänge, einzigartiger Riojaweißwein, den berühmten Tondonia, aus Jahren lange vor dem Millennium, 1981, 1985, 1989. Vielleicht werden Weißweine heute in der Regel anders gemacht.

María José López de Heredia (links) fühlt sich im ehrwürdigen Keller des Traditionsweinguts sichtlich wohl. Sie kennt die alten Jahrgänge ebenso genau wie ihre Schwester Mercedes (rechts), die ebenfalls Önologin ist. Das Credo der Schwestern: »Große, lagerfähige Riojagewächse sind auch heute möglich und haben einen Markt.«

Aber María José López de Heredia ist eine der ganz wenigen Weinmacher, die noch wissen, wie Rebsorten wie Viura, Malvasia und Garnacho Blanco ihr wahres Potenzial zeigen. Im Prinzip werden die Weißweine genauso lange wie Rotweine in Barriques ausgebaut, die übrigens von einer eigenen Küferei gefertigt werden. Nach längerer Flaschenreife treten die Barriquenoten zurück, und die vielschichtigen Reifenoten kommen zur Entfaltung. Die Roten zeigen nach langen Jahren eine burgunderhafte Eleganz und Grandezza. Sie sind benannt nach den Weinbergen. Viña Tondonia, rund 110 Hektar groß, auf dem rechten Ufer des Ebro, ist vom Urgroßvater angelegt worden. Dazu kommen Cubillo, Bosconia und Zaconia. 1890 füllte Don Rafael seine erste Reserva ab (im Keller liegen noch einige Flaschen dieses Weins). Je nach Reifezeit gibt es Reservas und Gran Reservas. Spanische Gran Reservas gibt es heute fast in jedem Supermarkt. Bei Viña Tondonia gilt der Begriff noch so wie früher nur für wirklich außergewöhnliche Jahrgänge. María José zählt auf: »1990, 1987, 1985, 1981, 1976, 1973, 1970, 1968, 1964, 1961, 1954.« Das Weingedächtnis einer López de Heredia reicht eben lange zurück. Die Reben, die im Schnitt 70 Jahre alt sind, werden regelmäßig erneuert und stammen von eigenen selektierten Klonen.

María José und ihre Geschwister sind überzeugt, dass diese Weine so sein müssen, um dem Anbaugebiet Rioja angemessen zu sein. Wenn die Konsumenten vergessen

Der ultramoderne Probier- und Verkaufsraum von Viña Tondonia, ein Entwurf der berühmten Architektin Zaha Hadid, ist ein reizvoller Kontrast zu der über die Zeiten fast unverändert gebliebenen Architektur der übrigen Gebäude. Im Inneren ist ein alter Messestand von 1901 integriert.

## DAS WEINGUT
## IN ZAHLEN

---

**BODEGA LÓPEZ DE HEREDIA
VIÑA TONDONIA**
Avenida Vizcaya 3
E-26200 Haro
Tel. +34-941-310244
Fax +34-941-310788
www.lopezdeheredia.com

**REBFLÄCHE**
170 Hektar

**REBSORTEN**
Tempranillo Garnacha,
Mazuelo, Graciano, Viura,
Malvasia, Garnacho Blanco

haben, dass auch Weißweine lange reifen können, meint María José, dann »müssen wir es ihnen eben wieder beibringen«. Für die Arbeit, die in ihren Weinen steckt, sind die Preise zu niedrig, das weiß sie. Manchmal lassen sich japanische Geschäftsleute mit dem Privatjet einfliegen, um alte Weine zu kaufen. Ein Wein aus dem Geburtsjahrgang ist unter Japanern ein prestigeträchtiges Geschenk.

Wein für besondere Anlässe – auch das liegt in der Familientradition begründet. Manchmal sagen die beiden Schwestern mit einem Augenzwinkern: „Der wahre Grund für die Langlebigkeit unserer Weine ist, dass unsere Familie so groß ist. Deshalb wollte unser Urgroßvater die Weine haltbar machen, damit er für alle Familienfeiern immer genug Wein hatte.«

Eine Frage wird María-José und Mercedes häufig gestellt: Sind denn die heutigen Weine genauso langlebig wie die früheren? »Das ist die große Preisfrage«, sagt María-José. »Wir können das natürlich nicht genau wissen. Wir beobachten, dass seit 60 Jahren die Säurewerte in den Trauben niedriger werden. Und die Säure spielt bei der Lagerfähigkeit eine wichtige Rolle.« Aber die Önologin ist dennoch davon überzeugt, dass die großen Tondoniaweine auch in Zukunft viele Jahrzehnte lang reifen können.

María José und ihre Geschwister haben ein Ziel und einen Traum. Das Ziel: die Arbeit ihres Urgroßvaters fortzusetzen und die Bauarbeiten am Weingut abzuschließen. Der Traum: dass ihre Enkel in 100 Jahren noch genauso Wein machen.

Der markante Turm Txori Toki, das Vogelhaus, ist das Erkennungsmerkmal des 1877 gegründeten Weinguts. Auch in den Kellern wird traditionell gearbeitet. Anstelle von Edelstahltanks dienen uralte Eichenfuder für die Maischegärung. Kühlsysteme gibt es nicht, dafür sorgt die frische Luft. Die ist im Herbst und Winter oft so kalt, dass sogar die Kellertüren geschlossen werden müssen.

### VIÑA TONDONIA RESERVA BLANCO

Vier bis fünf Jahre Fassreife und eine ebenso lange Reifezeit geben diesem goldfarbenen Weißwein eine einzigartige Aromatik: wenig Holz, dafür reife und eingelegte gelbe Früchte (Äpfel, getrocknete Aprikose), Kräuter, komplexe Noten von Wildleder, Akazienhonig, Haselnuss und Bienenwachs. Die sehr lebendige Säure sorgt für die Frische. Viura (85 Prozent) und Malvasia sind die Hauptkomponenten, übrigens fast in jedem Jahrgang im gleichen Verhältnis.

### VIÑA BOSCONIA GRAN RESERVA

Wie in allen roten Riojas von López de Heredia gibt in dieser drei Jahre im Barrique und weitere drei bis vier Jahre in der Flasche gereiften Cuvée der Tempranillo den Ton an, die edelste Rotweinsorte Spaniens. Daneben sind Garnacha, Mazuelo (die im Mittelmeerraum auch Carignan heißt) sowie Graciano enthalten. Weich und ausgewogen bei vielschichtigen Beeren-, Würz- und Vanillenoten.

### VIÑA GRAVONIA BLANCO

Dieser reinsortige Viura ist, gemessen am weißen Tondonia, ein Jüngling, denn er hat »nur« zwei Jahre im Eichenfass zugebracht, reifte dann allerdings noch mehrere Jahre in der Flasche. Die Frische der Traube ist noch voll erhalten, dazu kommen reizvolle Kontraste durch die Barriquestruktur und feinen Röstnoten zu nussigen Aromen und Nuancen von Orangenschale. Zeitlos im besten Sinn des Wortes.

Viura, Malvasia

Tempranillo, Garnacha, Mazuelo, Graciano

Viura

# SOFIA UND NATALIA MAGAÑA

BODEGAS Y VIÑEDOS RIBERA DEL DURATÓN, SPANIEN

## *Ein ausgezeichnetes Team*

LUIS MAGAÑA IST IN DER SPANISCHEN WEINSZENE DAS, WAS MAN EINEN PIONIER NENNEN KANN.
AUCH EINEN QUERDENKER. SEINE BEIDEN TÖCHTER SOFIA UND NATALIA MACHEN IN UNMITTELBARER
NACHBARSCHAFT DER RIBERA DEL DUERO EIGENSTÄNDIGE WEINE – OHNE APPELLATIONSSTATUS.
DARUNTER IST EINER DER BESTEN SYRAHWEINE SPANIENS.

Sofia und Natalia Magaña müssen damit leben, dass ihr Vater immer erwähnt wird, wenn von
ihnen die Rede ist. Der Mann ist eine der großen spanischen Winzerpersönlichkeiten und hat französische Reben in Navarra gepflanzt, als dies – unter Franco – noch strikt verboten war. Später
begründete er eine bekannte Zeitschrift in Spanien, *Vino y Gastronomía*, deren Herausgeber er noch
heute ist. Dieser Titel zeichnet seit über 15 Jahren in einem viel beachteten Wettbewerb den besten
Weinfachmann oder Sommelier mit der begehrten Trophäe der »Goldenen Nase« aus.

Den beiden Schwestern macht die Präsenz des berühmten Vaters nichts aus. Sie gehen den
Weg, den er eingeschlagen hat, längst aus eigener Kraft weiter. Die elegante, sympathische Sofia, die
ältere, und die zupackende Natalia, genannt Nelly, eine studierte Önologin, führen zusammen das
von Luis Magaña Mitte der 1980er Jahre bei Valtiendas in der Provinz Segovia begründete Weingut.
Innerhalb weniger Jahre haben sie einen Spitzenplatz unter Spaniens Erzeugern erobert. »Wir waren
von Anfang an involviert«, erzählt Sofia, die in Madrid ein Wirtschaftsstudium absolviert hat und
dort, 80 Kilometer vom Weingut entfernt, mit ihrer Familie lebt.

Ribera del Duratón ist ein einzigartiges Terroir. Es liegt unweit der bekannten Appellation
Ribera del Duero am Duratón. Dieses Flüsschen, das, von Süden kommend, bei Peñafiel in
den Duero mündet, durchfließt kurz zuvor einen auch wegen seiner Vogelpopulation bekannten
5.000 Hektar großen Naturpark mit tief eingegrabenen, mäandrierenden Schluchten, die Hoces del
Duratón. Das Besondere ist einerseits die verhältnismäßig große Höhe von 920 Meter. Diese Lage
sorgt dafür, dass ein vorwiegend kontinentales Klima herrscht. Fast dauernd weht ein kräftiger
Wind, der die Reben sehr gesund erhält. Die zweite Besonderheit ist der Boden, der aus einer mit

## DAS WEINGUT IN ZAHLEN

---

**BODEGAS Y VIÑEDOS
RIBERA DEL DURATÓN**
Weingut:
Ctra. de Valtiendas a Aranda s/n
E-40314 Valtiendas. Segovia
Tel. +34-921-527285
Fax +34-921-527049
www.riberadelduraton.com
Büro: Amador y Fernando, 6
E-28040 Madrid
Tel. +34-91-3110500
Fax +34-91-4595700

**REBFLÄCHE**
25 Hektar

**REBSORTEN**
Tempranillo, Syrah, Malbec

teilweise kinderkopfgroßen Kieselsteinen bedeckten Lehm- und Tonschicht besteht. Die Steine nehmen die Sonnenwärme auf, das darunter liegende Fundament speichert Wasser. Für Reben sind dies zusammen mit den kühlen Nächten optimale Bedingungen.

Die größte Besonderheit ist jedoch die Tatsache, dass Ribera del Duratón – der Name des Weinguts klingt wie eine Denominación, eine Weinherkunft – außerhalb der Grenzen des Anbaugebiets Ribera del Duero liegt. Das hat zwar den Nachteil, dass die Etiketten diese begehrte Herkunftsbezeichnung nicht tragen dürfen, doch wird dies dadurch aufgewogen, dass die beiden Winzerinnen ihre Weine so machen können, wie sie es möchten. Syrah oder – jüngstes Beispiel – Malbec sind in den Denominación-statuten nicht erlaubt? Kein Problem, wenn man bereit ist, stattdessen den Wein als Landwein von Castilla y León zu deklarieren. So kommt es, dass der Syrah Ribera del Duratón Maßstäbe setzen kann. Der neue Duratón Malbec könnte es ihm gleichtun.

»Am Anfang war es nicht leicht«, erinnert sich Sofia. Aber heute seien sie und ihre Schwester froh, mit ihrem Weingut nicht in der Denominación zu sein. »Wir können in aller Freiheit unsere Vorstellung von Qualität umsetzen«, sagt die Winzerin. Natalia, ihre Schwester, gilt als eines der hoffnungsvollsten Nachwuchstalente in Spanien. Sie hat in Madrid Agrarwissenschaften studiert und dann an der renommierten Universität von Bordeaux ein zweijähriges Önologiestudium absolviert. Erfahrungen machte sie in diversen Praktika. Natalia lebt in Frankreich, ist aber regelmäßig in der Bodega anwe-

Bei solchem Terroir – groben Kieselsteinen – schnalzen Kenner mit der Zunge und denken an Châteauneuf-du-Pape oder die Graves in Bordeaux. Die Steine speichern die Wärme und geben Konkurrenzpflanzen wenig Chancen. Für Natalia, eine der besten spanischen Önologinnen (rechts), sind das beste Voraussetzungen für große Weine.

send und hält ständig Kontakt mit dem Team des inzwischen auf 25 Hektar angewachsenen Weinguts am Duratón. Die modernen Kommunikationsmittel machen dies problemlos möglich, sagt ihre Schwester Sofia, die die kommerzielle Seite des Weinguts verantwortet und häufig ihre Weine bei Veranstaltungen und Messen auf der ganzen Welt vertritt.

Die beiden Schwestern sind ein ausgezeichnetes Team. In Navarra, im väterlichen Weingut, produzieren sie zusammen einen Wein, den Eventum, eine vor allem von Merlot bestimmte Premiumcuvée (Luis Magaña verdankt dieser Bordeauxsorte einen großen Teil seiner Reputation). Die gleiche Philosophie, nur ein anderer Charakter, sagen sie.

Der wichtigste Ausdruck ihrer Philosophie bleibt natürlich Ribera del Duratón. Dort wird neben dem Standard-Duratón, der aus Tempranillo, Syrah und Cabernet Sauvignon komponiert ist, und dem Spitzen-Tempranillo Pago La Moravia auch der Altos de Duratón erzeugt, eine zugängliche, modern gemachte und dichte Cuvée aus Tempranillo, Syrah und Cabernet Sauvignon mit Barriqueausbau, die häufig auf den Weinkarten der Welt zu finden ist. Der Unterschied zum Duratón liegt im etwas höheren Tempranillo- und niedrigeren Cabernetanteil dieses »Zweitweins« sowie im etwas kürzeren Barriquelager. Auch stammen die Trauben von jüngeren Rebstöcken.

Die Duratónweine verdanken ihren nuancierten Charakter dieser Beachtung der feinen Unterschiede im Terroir. »Wir investieren sehr viel in die Pflege und Verbesserung unserer Weinberge«, versichert Sofia. Guter Wein kann nach der Überzeugung von Sofia und Natalia nur aus dem Boden und aus den Reben kommen. Die Traube müsse man schmecken können, sagen die Winzerinnen. Deshalb achten sie auf deren außergewöhnliche Güte. Nur so sei ihre Vorstellung von Qualität umsetzbar. Und die, sagt Sofia, ist ihnen allemal wichtiger als die Anzahl produzierter Flaschen. Worum es den beiden Weinschwestern geht und was sie in ihren Weinen zum Ausdruck bringen möchten, bringen sie auf eine Formel: »Finesse, Eleganz, Frucht.« Und natürlich: der Boden, auf dem die Weine wachsen.

## DURATÓN SYRAH
### VINO DE LA TIERRA

*Rund 25 Jahre alt sind die Syrahreben, die einst Luis Magaña pflanzte. Nur völlig gesunde Trauben werden nach aufwändiger Selektion verarbeitet. Der Wein wird rund 15 Monate in neuen französischen Barriques ausgebaut. Würzige Nase mit Aromen von reifen schwarzen Beeren (Brombeer) bei gutem mineralischem Fundament, intensiv im Mund und in der Länge. Der Syrah verrät durch seine mineralische Struktur und straffe Frucht die französische Schule und ist einer der bemerkenswertesten Vertreter dieser Sorte in Spanien.*

## PAGO LA MORAVIA
### VINO DE LA TIERRA

*Dieser reinsortige Tempranillo aus den besten Parzellen wird 16 bis 18 Monate im Barrique ausgebaut und ist das Filetstückchen aus Sofias und Natalias Keller. Nur wenige Tausend Flaschen, die per Hand nummeriert sind, werden von diesem Wein erzeugt. Die Erträge sind für den Pago La Moravia besonders niedrig. Vier Tage dauerte die Prämazeration bei acht Grad Celsius. Noch weitere zwei Wochen blieb der Wein auf der Maische. Das Ergebnis ist ein tiefer, strukturierter Tempranillo von großer Eleganz mit reifen Tanninen, kühler Frucht von dunklen Beeren und schönen Würznoten. Ob daraus einmal ein Vino de Pago wird, die höchste Stufe des neuen spanischen Qualitätssystems?*

Syrah

Tempranillo

# ILSE MAIER

## GEYERHOF, ÖSTERREICH

### *Der Geschmack ist entscheidend*

ZU DEN VORDENKERINNEN IM ÖSTERREICHISCHEN BIOWEINBAU GEHÖRT ILSE MAIER.
SIE IST ZUM EINEN AUTORIN EINES BUCHES ZUM THEMA, BEI DEM MAN SCHON NACH DEN ERSTEN
SEITEN DES LESENS MERKT, DASS SIE WIRKLICH ETWAS VON DER MATERIE VERSTEHT.
UND ZWEITENS ZÄHLEN IHRE WEINE SEIT VIELEN JAHREN ZU DEN BESTEN GEWÄCHSEN ÖSTERREICHS.

Wollte man versuchen, Ilse Maier mit Adjektiven zu beschreiben, so fallen einem sogleich Worte ein
wie: herzlich, liebevoll, humorvoll, zurückhaltend, aber ebenso auch entschieden und geradlinig,
authentisch. Der Gast, der den Weg zum Geyerhof in Oberfucha gefunden hat, fühlt sich dort
schnell daheim. Der Stolz und die Freude Ilse Maiers, Winzerin zu sein, wirken ansteckend.
Man spürt im Gespräch sehr rasch, welch starke Beziehung sie zu ihrem Boden hat, zu ihren Reben
und zu ihren Weinen.

Obwohl die studierte Weinbauingenieurin seit 20 Jahren Ökoweinbau betreibt und damit eine
Vorreiterrolle in diesem Bereich innehat, hat sie nie viel Aufhebens darum gemacht. Sie war immer
der Meinung, dass die Weine allein durch ihre Qualität überzeugen müssen. »Der Geschmack«,
sagt sie, »ist entscheidend.« Und obwohl sie Winzerin ist und damit für die außergewöhnliche
Qualität ihrer Weine die Verantwortung trägt, bleibt sie im wahrsten Sinne des Wortes auf dem
Boden. Es sei ja nichts Besonderes, gute Weine zu machen, meint sie.

Hinter Ilse Maier steht ihre Familie. Ihr Mann Josef und die vier Kinder geben ihr Halt.
Sie geben ihr die Kraft und den Freiraum, um beide Aufgaben zu erfüllen, die sie sich ganz bewusst
selbst auferlegt hat. Und so schafft sie es auch, neben ihrem Beruf der Winzerin eine ganz normale
Mutter zu sein, die nach Möglichkeit auch täglich kocht – natürlich meistens mit dem, was im
Garten angepflanzt wird.

Die Klarheit des Denkens, die in ihrer Persönlichkeit zum Ausdruck kommt, und die ihr
eigene beeindruckende Bescheidenheit spiegeln sich in ihren Weinen. Im Jahr 1986 hat Ilse Maier
wenige Hektar des heute rund 19 Hektar großen Weinguts am südlichen Donauufer unweit von

Stift Göttweig übernommen. 28 Jahre war sie damals alt und hatte an der Hochschule für Bodenkunde in Wien gerade ihre Diplomarbeit über den Weinbau Argentiniens geschrieben, wo sie im Rahmen eines längeren Studienaufenthalts Erfahrungen gesammelt hatte.

Der Geyerhof ist ein altes Familienanwesen, das nun schon über Generationen traditionsgemäß in der weiblichen Linie vererbt wird. Bereits im 12. Jahrhundert urkundlich erwähnt, haben die Maiers die weitläufige Anlage in den letzten Jahren aufwändig restauriert. Zum Geyerhof gehören auch 38 Hektar Ackerland. Darum kümmert sich Josef Maier, studierter Forstwirt und freiberuflicher Ingenieur. Auch die Getreidefelder werden wie die Weingärten organisch-biologisch bewirtschaftet.

In ihren Weingärten arbeitet Ilse Maier biodynamisch schon seit 1988. Also bereits zwei Jahre, nachdem sie den Betrieb von ihren Eltern übernommen hatte, stellte sie die traditionellen Methoden der Rebkultivierung um und verzichtete auf Kunstdünger und synthetische Pflanzenschutzmittel. Als Teil eines Ganzen im Sinne Rudolf Steiners möchte sie ihre Weine verstanden wissen.

»Biologisch-dynamisches Wirtschaften«, sagt Ilse Maier, »heißt aber nun nicht, die Dinge ins Kraut schießen zu lassen. Wir säen alle zwei Jahre neue Begrünung ein, und zwar Pflanzen, deren Wurzeln durch Knöllchenbakterien den Stickstoff binden.« Ein vorsichtiges und umsichtiges Steuern also. Der Blick gilt zuallererst dem Boden als lebendigem Organismus. Er muss immer wieder revitalisiert werden, auch wenn die Erträge – wie im Jahr 2005 – einmal gering ausfallen.

Die Lagen oder Rieden des Geyerhofes bieten den Reben teils Urgesteinsböden, teils Sand und Schotter sowie auch Löss: die Steinleithn, eine ausgezeichnete Veltlinerriede, oder der Goldberg und der Johannisberg (beide bei Hollenburg mit verfestigten Flusssedimenten) sowie der Sprinzenberg, die bemerkenswerte Rieslinge hervorbringen. Der Ausbau erfolgt auf schonende Art im Stahltank. Die Weine bleiben lange auf der Hefe, können also auf diese Weise lange vergären. Nur so können die eleganten schlanken Weine entstehen, Weine außergewöhnlicher Qualität, die sich Ilse Maier Jahr für Jahr zum Ziel setzt.

Die Wände im alten Gewölbe des stattlichen Geyerhofes sind mit Urkunden geschmückt – Ilse Maiers Weine gehören seit Jahren zu den Vorzeigeweinen Österreichs. Das Weingut, zu dem auch landwirtschaftlich genutzte Flächen gehören, wird biologisch-dynamisch nach den Richtlinien von Rudolf Steiner bewirtschaftet.

## DAS WEINGUT IN ZAHLEN

### GEYERHOF
A-3511 Furth, Oberfucha 1
Tel. +43-2739-2259
Fax +43-2739-22594
www.geyerhof.at

### REBFLÄCHE
19 Hektar

### REBSORTEN
Grüner Veltliner, Riesling, Chardonnay, Weißburgunder, Gelber Muskateller, Zweigelt, Merlot

## RIESLING BEERENAUSLESE

*Dieser Wein ist eine Seltenheit, denn Ilse Maier hat zuletzt im Jahr 2000 eine Beerenauslese aus Rieslingtrauben gekeltert. Etwa 500 Flaschen sind es geworden. Die Klimabedingungen müssen perfekt stimmen, um solch einen Wein zu ermöglichen, vor allem müssen die überreifen Trauben am Stock hängen bleiben. Der Ausbau dieser kraftvollen, nach exotischen Früchten und etwas Vanille duftenden Köstlichkeit erfolgte vier Jahre im gebrauchten Barrique, um den hohen Alkoholgehalt besser einzubinden. Die Restsüße liegt unter 40 Gramm pro Liter, was für eine Beerenauslese recht trocken ist. Die Trauben stammen vom Sprinzenberg.*

## RIESLING SPRINZENBERG

*Der mächtigere Bruder vom Goldberg hat im Sprinzenberg einen eleganten, feinwürzigen Kompagnon. Er präsentiert sich duftig mit Kräuternoten und einer saftigen Frucht von Weinbergspfirsich und Apfel. Der kräftige Körper wird von der Mineralität aufgefangen. Die Böden im Sprinzenberg bestehen aus Schieferablagerungen und sind trocken.*

## GELBER MUSKATELLER

*Die Muskatellerreben stehen in der Riede Hoher Rain auf lehmhaltigen Sandböden, südlich von Oberfucha. Die Sorte macht Ilse Maier viel Spaß. Vollsaftig mit mineralisch-frischem Schliff, präsentieren sich exotische Noten, Blütendüfte und appetitliche Birnen- und Zitrusaromen. Klar gebaut und geradlinig.*

## GRÜNER VELTLINER ROSENSTEIG

*Der Rosensteig ist gegenüber dem mächtigen Steinleithn der elegantere, etwas leichter wirkende Veltliner von Ilse Maier. Die Lage besteht aus Löss, der auf der donauwärts geneigten Terrasse eine dicke Schicht bildet. Die Trauben am Rosensteig reifen etwas früher als in den anderen Rieden. Finesse zeigt sich schon im Duft, in dem frische Noten von Birne, Apfel und Zitrusfrüchten mit leisen Aromen von grünen Kräutern und Mineralität eine schöne Verbindung eingehen. Saftig und erfrischend bis zum feinwürzigen Abgang. Charmant!*

Riesling

Riesling

Muskateller

Grüner Veltliner

# SABINE MOSBACHER-DÜRINGER

WEINGUT GEORG MOSBACHER, DEUTSCHLAND

## *Leidenschaft und Perfektion*

WER ETWAS ÜBER FRAUEN UND WEIN WISSEN MÖCHTE, SOLLTE DIE VORSITZENDE DES VEREINS »VINISSIMA« FRAGEN. UND WER FÜR EXZELLENTEN RIESLING AUS DER PFALZ EIN FAIBLE HAT, EBENFALLS. SABINE MOSBACHER-DÜRINGER FÜHRT NÄMLICH EINES DER BESTEN GÜTER DER MITTELHAARDT.

Sabine Mosbacher-Düringer gehört zu den Menschen, von denen man gemeinhin sagt, sie haben das Herz auf dem rechten Fleck. Unkompliziert und direkt, manchmal entwaffnend, vor allem humorvoll ist die Frau mit den kurzen Haaren. Sie weiß, was sie kann, und sie weiß, was sie will. Durchaus perfektionistisch klingt es, wenn sie sagt, man müsse als Winzer jeden Rebstock genau kennen. In einem großen deutschen Nachrichtenmagazin stand über sie der Satz: »Die Winzerin kennt jeden Käfer, jede Kalkinsel, jeden Kiesel in diesem Flecken.« Der Flecken, das ist die Forster Spitzenlage Ungeheuer, in der die Mosbachers 1,8 Hektar besitzen. Tatsache ist, dass Sabine Mosbacher-Düringer genau notiert, was in jeder Parzelle los ist. Spuren lesen wie bei Karl May: Die Reben sagen, was sie brauchen, wenn man sie nur genau genug beobachtet.

Diese Akribie ist Ausdruck einer Leidenschaft, die bei Sabine Mosbacher-Düringer von klein auf besteht. Im elterlichen Weingut, das 1920 gegründet worden war, hat sie schon als Kind mitgeholfen. Folgerichtig studierte sie in Geisenheim. »Das hat die Begeisterung für den Beruf erst richtig geweckt«, sagt sie. Wichtig war für sie, über den Tellerrand der Pfalz hinausblicken zu können. Der Wert von Kontakten und Freundschaften, die neue Erfahrungen vermitteln, wurde ihr bewusst.

Man wundert sich daher wenig, dass die Perfektionistin gerne den Vorsitz der Vereinigung »Vinissima« übernommen hat (2006) und sich nach Kräften für das Networking von Frauen stark macht. Ihr geht es besonders um das Denken über die eigene Branche hinaus, sind doch in diesem Verein Frauen verschiedenster Berufsgruppen organisiert: Winzerinnen, Weinhändlerinnen, Sommelieren und Journalistinnen. Dieser Austausch dient nicht nur der Sache, er macht Sabine Mosbacher-Düringer Spaß. Und so sagt sie: »Das Engagement von Frauen in der Branche liegt mir

am Herzen.« Das kann man ruhig wörtlich nehmen. Perfektion ist auch eine Sache des Herzens, nicht nur des kalten Verstandes.

Spaß hatten ihr auch die vielen Auslandsaufenthalte während des Studiums gemacht. Wie lässt sich dies perfektionieren? Indem man sich als internationale Weinakademikerin qualifiziert. Auch das hat die Winzerin getan. Die Feststellung ist nicht übertrieben, dass Sabine Mosbacher-Düringer eine wichtige Botschafterin für den deutschen Wein auf der Welt ist. Seit 1991 führt sie das elterliche Weingut zusammen mit ihrem Mann Jürgen Düringer, den sie in Geisenheim kennenlernte. Er stammt auch aus einer Winzerfamilie (am Kaiserstuhl) und hat sich als Betriebsleiter längst in der Pfalz eingewöhnt. Riesling ist das große Thema. Zum Weingut Mosbacher (16 Hektar) gehören beste Lagen aus Forst und Deidesheim wie Ungeheuer, Pechstein, Freundstück, Mäushöhle und Kieselberg. Die Weine sind glasklar und von beeindruckender Brillanz und Strahlkraft. Sie haben Schwung wie das kalligrafierte M auf den Etiketten.

Der Generationenwechsel war fließend, nicht abrupt. Richard Mosbacher, Sabines Vater, berät noch heute Kunden. Er hat das Weingut fast ein halbes Jahrhundert geführt und das Fundament gelegt, auf dem Sabine Mosbacher-Düringer und Jürgen Düringer aufgebaut haben. Großvater und Gründer Richard Mosbacher senior war nach dem Krieg Bürgermeister von Forst geworden und hatte das Gut seinem Sohn übergeben. Das Streben nach Perfektion liegt bei den Mosbachers in der Familie. Wie sonst wäre zu erklären, dass das Weingut – VDP-Mitglied seit 1993 – in den vergangenen 35 Jahren nicht weniger als 25 Staatsehrenpreise eingeheimst hat?

Klare Linien zeichnen nicht nur die Weine von Sabine Mosbacher-Düringer aus, sondern auch den hellen, freundlichen Verkostungsraum des Weinguts.

## DAS WEINGUT IN ZAHLEN

### WEINGUT GEORG MOSBACHER
Weinstraße 27
D-67147 Forst
Tel. +49-6326-329
Fax +49-6326-6774
www.georg-mosbacher.de

### REBFLÄCHE
16 Hektar

### REBSORTEN
Riesling, Weißburgunder, Gewürztraminer, Sauvignon Blanc, Spätburgunder, Dornfelder, Merlot

**SAUVIGNON BLANC**
**FASS 33 QBA FEINHERB**

**UNGEHEUER RIESLING**
**GROSSES GEWÄCHS**

**FORSTER ELSTER RIESLING**
**KABINETT TROCKEN**

*Zwar sind die Rebflächen zu 80 Prozent mit Riesling bestockt, doch ist auch der Sauvignon Blanc in seiner Klarheit und frischen, saftig-ausgereiften, schmelzigen Art und mineralischen Eleganz ein bemerkenswerter Vertreter seiner Art. Der feinherbe Ausbau gibt ihm die saftige Rundung – ein Wein, der sehr viel Vergnügen macht.*

*Aus der wohl bekanntesten Lage der Pfalz (die nicht nach einem Monster, sondern nach einem Stadtschreiber namens Ungeheuer benannt ist, dem sie einmal gehörte) kommt das hochelegante Große Gewächs aus Forst: Viel Pfirsich und ein Hauch Exotik überzeugen im Duft, im Mund offenbart sich der üppig-kompakte Pfälzer mit mineralischer Tiefe und großartiger Länge, die durch erfrischende Grapefruit- und Zitrusnoten belebt wird. Ungeheuer grandios! Die Spitzenlage mit ihrem leichten Gefälle besitzt Basaltböden vulkanischen Ursprungs, auch Buntsandsteinverwitterung.*

*Die Lage Elster (7,89 Hektar), weniger bekannt als die weltberühmten Forster Vertreter Ungeheuer, Pechstein oder Freundstück, schließt sich am südlichen Ortsausgang von Forst an die Lage Ungeheuer an und ist flach. Auf sandigen, tonhaltigen Sandsteinverwitterungsböden gedeiht ein filigraner, fast verspielter, frischer Riesling mit bestens eingebundener Säure. Mit dem räuberischen Vogel hat der Name der Lage nichts zu tun, der sich von Ellerstadt ableitet.*

Sauvignon Blanc

Riesling

Riesling

# ELENA PANTALEONI

Azienda Vitivinicola La Stoppa, Italien

*Die Expertin für das Terroir*

Elena Pantaleoni baut ihre Weine auf zwei starken Fundamenten: Der frühere Besitzer ihres Weinguts hat gewisse Weichen gestellt, indem er französische Rebsorten anpflanzte. Und sie hat eine besondere Schwäche für die alten Sorten der Region. Das Ergebnis sind spannende Weine, wie man sie sonst in der Emilia-Romagna kaum finden kann.

Guter Wein ist Kopf und Bauch zusammen; Verstand und Intuition müssen für seine Entstehung zusammenwirken. Alexandre Dumas fand: »Wein ist der intellektuelle Teil des Essens.« Dass Elena Pantaleoni schon öfter von Weinschreibern das Etikett »Intellektuelle« verpasst bekommen hat, liegt bestimmt nicht nur an ihrer Brille, sondern muss auch in ihren Weinen begründet sein. Oder darin, dass Elena Pantaleoni keine Winzertochter ist. Ihr Vater Raffaele kaufte 1973 das Weingut La Stoppa bei Piacenza in der nördlichen Emilia-Romagna. Das Landleben gefiel ihm, doch zum Weinmachen hatte der Druckereibesitzer gar keine Zeit. Das erledigten andere für ihn.

Elena absolvierte ein Sprachenstudium, ging mehrere Male ins Ausland und war vier Jahre lang Buchhändlerin. 1991 stieg sie ins elterliche Weingut ein und half ihrer Mutter Angela zunächst bei der Administration, bevor sie 1997 die Leitung einschließlich der Verantwortung für die Weine übernahm. Ihre Mutter hatte sich nämlich entschlossen, in Chile ein Weingut aufzubauen. Für Kontinuität sorgte der Önologe Giulio Armani, der seit 1980 für die Weine zuständig war und ihr auch heute als zuverlässiger Mitarbeiter zur Seite steht. Immerhin ist das Weingut nicht klein: 30 Hektar Reben, dazu 28 Hektar Wald wollen gepflegt und gehegt werden. Zusätzlich gibt es einen Agriturismo und Vieh (Limousinrinder) sowie einen Natur- und Abenteuerpark. Also jede Menge Arbeit für die drei Vollzeitmitarbeiter und die saisonalen Erntehelfer.

Quereinsteigerin? Man hat den Eindruck, dass Elena Pantaleoni nahtlos in die Tradition des Weinguts hineingewachsen ist. »Ich möchte, dass man in meinen Weinen meine Leidenschaft und mein Land erkennen kann«, sagt sie. Das lässt sich am schönsten bei einer Verkostung im großen Speisesaal erleben, zu der Elena regionaltypische Spezialitäten auftischen lässt.

Elena Pantaleoni ist eine Winzerin mit Leidenschaft – und viel Humor. Das Weingut (rechts) ist an seinem mittelalterlichen Turm gut zu erkennen. Dort wurden schon vor über einem Jahrhundert internationale Rebsorten angebaut, eine Besonderheit in der Region. Der damalige Besitzer hatte einen Bordeaux-wein erzeugen wollen.

Das schön gelegene Gutshaus mit dem mittelalterlichen Turm hat eine lange Geschichte. Seit 1882 ließ ein gewisser Gian Carlo Ageno, dessen Vater ein paar Jahre zuvor das Weingut erworben hatte, französische Reben pflanzen, aus denen er Weine mit damals ungewöhnlichen Namen (Bordó) kelterte. Dieser passionierte Winzer wurde fast 100 Jahre alt, doch seine Nachkommen verzichteten darauf, mit den Pfunden zu wuchern, die ihr Vorfahr im Boden angelegt hatte. Immerhin hat Elena Pantaleoni ihm zu Ehren einen Weißwein aufgelegt, der seinen Namen trägt: eine aromatische Cuvée aus Malvasia, Trebbiano und Ortugo.

Cabernet Sauvignon, Merlot und Pinot Nero sind also keine neumodischen Innovationen von Elena Pantaleone, sondern, wie Bonarda oder Barbera, heimische Sorten, die die La-Stoppa-Weine immer geprägt haben. »Ich erwarte von den Sorten nicht mehr, als sie von Natur aus geben können«, erklärt eine fast lakonische Winzerin ihre Philosophie, zu der auch der Verzicht auf Reinzuchthefen und eine möglichst lange Mazeration gehören. Die Investitionen in die Weinberge sind für sie wichtiger als der Keller. Im Weinberg entsteht die Qualität, im Keller wird nur »verfeinert«. Auf Chemie im Weinberg verzichtet die Winzerin ebenso.

Ihren Weinen lässt sie viel Zeit. Nichts für schnelle Moden. Der so genannte internationale Stil mit seinen weich gespülten Tanninen und röstigen Vanillearomen interessiert Elena Pantaleoni nicht. Ihre Weine sind fest im heimischen Boden verwurzelt, bodenständig, traditionell, dabei von großer Subtilität und alles andere als rustikal. Weine, auf die man sich einlassen muss und denen man Zeit und Luft im Glas gönnen sollte. Sie belohnen die Geduld durch vermehrten Genuss. So erschließt sich auch Elena Pantaleonis Wesen: »Ich wünsche mir, dass meine Weine viele Jahre leben.«

Mehrmals haben Elenas Weine Höchstwertungen in einem italienischen Weinführer gewonnen. Ihr Gutturnio, ein traditioneller Rotweintyp aus Bonarda und Barbera, der leicht moussieren kann, ist bemerkenswert. Mit ein paar befreundeten Winzern trägt Elena Pantaleoni in einer Vereinigung namens »Mosaico Piacentino« dazu bei, dass gerade die autochthonen Sorten ihres Terroirs gepflegt werden.

## DAS WEINGUT IN ZAHLEN

### AZIENDA VITIVINICOLA LA STOPPA
Loc. Ancorano
I-29029 Rivergaro (PC)
Tel. +39-0523-958159
Fax +39-0523-951141
www.lastoppa.it

### REBFLÄCHE
30 Hektar

### REBSORTEN
Barbera, Bonarda, Cabernet Sauvignon, Merlot, Malvasia di Candia Aromatica, Moscato

**STOPPA COLLI PIACENTINI
CABERNET SAUVIGNON DOC**

*Das Gegenstück aus internationalen Sorten, aber eigentlich der Zwillingsbruder, ein Beispiel geglückter Integration: 14 Monate in der französischen Eiche haben aus Cabernet Sauvignon und Merlot sowie einigen anderen Sorten eine gelungene Interpretation des Bordeauxthemas entstehen lassen: finessenreich, würzig, stabil mit ausgewogenen Tanninen.*

**VIGNA DEL VOLTA PASSITO
COLLI PIACENTINI MALVASIA DOC**

*Malvasia und 20 Prozent Moscato in einer betörenden Verbindung: Südfrüchte, Grapefruit, Honig und Gewürze vereinen sich in einem üppigen, jedoch säurefrischen Passito. Die Trauben wurden in einer traditionellen Vertikalpresse gekeltert, der Wein reifte zehn Monate in französischen Barriques. Mit den »Tre bicchieri«, den »Drei Gläsern«, ausgezeichnet.*

**MACCHIONA EMILIA IGT**

*Dieser Wein wurde schon von Elenas Eltern seit 1973 erzeugt. Die Cuvée aus Bonarda und Barbera wird zwölf Monate in großen Fässern aus slowenischer Eiche ausgebaut. Traditionelle Emilia-Romagna, jedoch modern präsentiert: saftige Frucht, gute Säure.*

Cabernet Sauvignon, Merlot u. a.

Malvasia, Moscato

Bonarda, Barbera

# VICTORIA PARIENTE

BODEGAS JOSÉ PARIENTE, SPANIEN

## *Ruedas erste Winzerin*

DAS 51. WEINGUT DER KLEINEN APPELLATION RUEDA IST GANZ JUNG:
ERST MIT DER 2007ER ERNTE STELLT VICTORIA PARIENTES UNTER EIGENEM NAMEN
IHRE WEISSWEINE VOR. BEKANNT GEWORDEN WAR DIE WEINMACHERIN ALS EINE DER
DOS VICTORIAS, UND IHR WEISSER VERDEJO HAT SCHON HÖCHSTES LOB GEWONNEN.

Zurück zu den Wurzeln, so könnte man das Vorhaben der Winzertochter Victoria Pariente nennen, einer lebhaften, jungen Frau voller Energie. Denn die durch das mit Victoria Benavides gemeinsam betriebene Weingut Dos Victorias war María Victoria Pariente, genannt Mariví, überregional und international bekannt geworden. Nun wird sie das väterliche Weingut allein weiterführen und baut in ihrer Heimatregion Rueda eine funkelnagelneue Bodega auf 1.900 Quadratmetern auf.

Dabei hat sie die Region, die in den vergangenen Jahren durch ihre knackfrischen Weißweine auf sich aufmerksam gemacht hat, in Wahrheit nie verlassen. Denn schon als eine der beiden Victorias war sie primär für den weißen Rueda zuständig gewesen, mit denen die beiden 1998 erste Lorbeeren geerntet hatten. Es ist sogar so, dass in Rueda die Geschichte begonnen hatte.

Der 1997 verstorbene Vater José Pariente war ein Pionier im Ruedagebiet gewesen. Er hatte als einer der ersten das Potenzial der Rebsorte Verdejo erkannt und sie in seinem Weinberg gepflanzt. Vor 30 Jahren verkaufte er seinen Wein noch unetikettiert in der örtlichen Bar. Von seinen sechs Kindern war Victoria das einzige, das den Winzerberuf ergreifen wollte.

»Ich habe wohl seine Leidenschaft für den Verdejo geerbt, den er 40 Jahre lang mit Begeisterung angebaut hat«, sagt Victoria, die der Sorte das beste Preis-Qualitätsverhältnis attestiert und von ihrer Vielseitigkeit fasziniert ist: »Man kann sehr viele Weintypen daraus machen.« Schon als Kind war sie mit ihrem Vater durch den Weinberg gegangen. Später studierte sie an der Universität von Valladolid Chemie und legte in Madrid ein Önologiediplom ab.

1988 begegnete sie in einem staatlichen Weinlabor Victoria Benavides. Die beiden wurden Freundinnen und träumten davon, eigene Weine zu machen – mit moderner Technik, aber aus den

## DAS WEINGUT
## IN ZAHLEN

### BODEGAS JOSÉ PARIENTE
C/ Tirso de Molina, 18
E-47130 Simancas (Valladolid)
Tel. +34-983-816600
Fax +34-983-816620
info@josepariente.com

### REBFLÄCHE
12 Hektar

### REBSORTEN
Verdejo, Sauvignon Blanc

gebietstypischen Sorten. Nicht so oxidativ, wie es bis dato in der Rueda und anderen Regionen verbreitet war, sondern reduktiv und frisch.

Nach dem Tod von Victorias Vaters ergriffen die beiden die Gelegenheit und erzeugten ihren ersten gemeinsamen Wein aus dem väterlichen Weinberg. Der Wein trägt seitdem seinen Namen. Schon der erste Jahrgang (1998) erregte Aufsehen und wurde von einer Zeitschrift zum besten Weißwein Spaniens gekürt. Das brachte das gemeinsame Projekt der beiden Victorias voran.

Neben dem Verdejo gibt es unter dem gemeinsamen Label Dos Victorias auch einen im Barrique ausgebauten Verdejo. Auch dieser hat schon Lorbeeren eingeheimst. Dem 2005er setzte der amerikanische *Wine Enthusiast* auf seine Liste der Top-100-Weine. Er wird aus ausgewählten Trauben von älteren Rebstöcken gekeltert. Nach der Vergärung im Edelstahltank wird der größte Teil in Alliereiche, der kleinere Teil in amerikanischer Eiche ausgebaut. Es werden teils neue, teils einmal belegte Barriques verwendet, um die Holzaromatik nur dezent zum Tragen kommen zu lassen.

Mariví ist so wie ihre Weißweine: kraftvoll, energisch. Zu ihren Eigenschaften zählt sie eine gewisse Unruhe und Neugier, aber auch Willensstärke und fachliche Kompetenz. »In Spanien ist die Weinbranche von Männern dominiert«, sagt sie ohne

Die Rueda ist eine karge Region mit steinigen Böden – genau richtig für Weißweinreben. Obwohl auch Rotwein erzeugt wird, haben vor allem die Verdejos und Sauvignon Blancs den Ruhm der Denominación de Origen (DO) begründet. Für Victoria Pariente ist die autochthone Sorte Verdejo eine der besten Trauben der Welt mit Potenzial zur echten Größe. Ihre Weine zeigen, dass sie auf dem richtigen Weg ist.

das entschuldigende Lächeln, das manche Frauen dabei aufsetzen würden. »Als Frau muss man deshalb manchmal denken wie ein Mann.« Aber Männer haben zuweilen mehr ihr Ego im Kopf als den Wein. Sie liebt ihre Arbeit und weiß, dass dies die Voraussetzung für den Erfolg ist. Ob das ein Mann auch so sagen würde?

Immer wieder hat sie gemerkt, dass man sie als *las chicas*, die Mädels, nicht ganz ernst nehmen wollte, nicht nur unter den Winzerkollegen, sondern auch bei Distributeuren und Männern aus dem Handel. Sie weiß es: Eine Frau müsse eben immer ein Quäntchen besser sein als die Männer.

Ohne den ihr innewohnenden Antrieb, Neues auszuprobieren, hätte Victoria Pariente vielleicht nie die bequeme Beamtinnenlaufbahn aufgegeben, obwohl sie auch zugibt, dass der Job im Labor der Estación Enológica de Rueda ihr erstklassigen Einblick in die Weine der Region gegeben habe.

Ihre Ansicht über Wein bringt sie in einem Vergleich auf den Punkt, wie ihn nur eine Frau ziehen kann: »Ein Wein ist wie ein Mann. Entweder er gefällt dir auf den ersten Blick oder nicht. Aber seine wahren Qualitäten und Werte erkennt man erst, wenn man ihn etwas näher kennen lernt.«

In Valladolid lebt ihre Familie, ihr Mann und die Kinder. Aber in der Rueda schlägt ihr Herz. Dreieinhalb Millionen investiert sie gerade in das neue Weingut, das einfach und zweckmäßig sein soll. Das ist nicht wenig für jemanden, der mal in einem Interview gesagt hatte, Reichtum sei nicht das Ziel ihrer Tätigkeit als Winzerin. Mit Stolz sagt Victoria Pariente: »Vicky (Victoria Benavides) und ich haben als Frauen bei null angefangen, hatten keinen Namen und keine Erfahrung.« Ihr Startkapital hatte vor einem Jahrzehnt nur 8.000 Euro betragen. Der Erfolg war grandios. Victoria Pariente, genannt Mariví, die ihren ersten Sauvignon Blanc unter eigenem Label präsentiert, wird es schaffen.

## JOSÉ PARIENTE
### SAUVIGNON BLANC DO RUEDA

*Verdejo und Sauvignon Blanc haben gewisse Ähnlichkeiten. Beide Rebsorten haben aus Rueda eine der besten Weißweinregionen Spaniens gemacht. Der Sauvignon Blanc, der erste Projektwein der neuen Bodega José Pariente, kam mit dem Jahrgang 2007 erstmals auf den Markt; der 2008er soll schon im neuen Keller ausgebaut werden. Frisch, mineralisch und springlebendig, so präsentiert sich dieser ausgereifte Sauvignon mit herrlichen Zitrusnoten und Aromen von tropischen Früchten.*

## JOSÉ PARIENTE
### VARIETAL VERDEJO DO RUEDA

*Mit diesem Verdejo hat es Mariví Pariente schon im ersten Jahrgang auf die internationale Hitliste der spanischen Weine geschafft. Der englische Decanter erklärte ihn wie auch andere Publikationen zum besten Weißwein Spaniens. Der frische, nach Zitrusfrüchten, knackigen Äpfeln und einem Hauch grüner Kräuter duftende und schmeckende Verdejo ist ein Paradeexemplar der Appellation. Mit voller Mineralität und feiner Bitternote im Abgang zeigt er sehr gute Sortentypizität.*

Sauvignon Blanc

Verdejo

# FILIPA PATO

FILIPA PATO WINES & SPARKLINGS, PORTUGAL

*»Mein Vater sucht die Konzentration,
ich mehr die Eleganz«*

FILIPA PATO IST DIE TOCHTER EINES BERÜHMTEN PORTUGIESISCHEN WINZERS, LUIS PATO.
DA SIND VERGLEICHE UNAUSWEICHLICH.
DOCH SCHON JETZT STEHT SIE MIT IHREN WEINEN,
DIE LÄNGST KEINE »VERSUCHE« MEHR SIND, AUF EIGENEN FÜSSEN.

Alte Welt und Neue Welt. Unversöhnliche Gegensätze, wie manche Weinpuristen meinen? Nicht, wenn sich beide Welten in einer Person vereinen. Filipa Pato, die schlanke, dunkelhaarige Frau mit dem klar geschnittenen Gesicht, ist ein Kind der modernen globalen Weinwelt. Nach ihrem Studium der Chemie in Coimbra hat sie sich überall umgesehen, wo sich in Sachen Wein viel bewegt. Hinaus aus Portugal, lautete ihre Devise. Eine Ernte bei Cantenac-Brown in Bordeaux, denn Bordeaux ist das Vorbild, die Legende. Ein Jahr bei Flichman in Argentinien, denn das Land hat gerade begonnen, sein Terroirpotenzial zu erkennen. Dann bei Leeuwin Estate in Western Australia, denn Australien ist der gewaltige Weinkontinent mit den grenzenlosen Möglichkeiten. Filipa Pato fand es spannend, die angelsächsische und die lateinamerikanische New-World-Mentalitäten zu vergleichen.

Globalisierung? Filipa Pato freut sich, dass die Menschen, Winzer wie Konsumenten, über ihre Grenzen hinwegschauen, voneinander lernen und Neues entdecken. »Gerade wir Portugiesen profitieren von dieser Horizonterweiterung. Vor Jahren tranken die Belgier nur Weine aus Frankreich. Heute ist Belgien einer unserer drei Hauptmärkte.« Filipa Pato exportiert drei Viertel ihrer Produktion.

Zurück zu ihren Anfängen. 2001, nach ihrer Rückkehr, beschloss sie (sie war noch keine dreißig), selbst Wein zu machen. Ohne den Vater. (Luis Pato, der die Rebsorte Baga und die gesamte Region Bairrada zur Moderne erweckt hat, ist eine Vaterfigur des portugiesischen Weinbaus.)

## DAS WEINGUT IN ZAHLEN

**FILIPA PATO**
**WINES & SPARKLINGS**
Quinta do Ribeirinho
P-378-017 Amoreira da Gándara
Tel. +351-231-596432
Fax +351-231-596842
www.filipapato.net

**REBFLÄCHE**
3 Hektar plus Zukauf

**REBSORTEN**
Alfrocheiro Preto, Arinto,
Baga, Bical, Cercial, Jaen,
Maria Gomes, Tinta Roriz,
Touriga Nacional, Sercialinho

Zuerst arbeitete sie im Keller ihres Vaters, dann richtete sie einen kleinen Weinkeller im Haus der Großeltern ein. Zunächst kaufte sie Trauben von Winzern und begann zu experimentieren. Ihr Ziel war, mit lokalen Rebsorten Weine zu machen, die das Beste aus ihrem Terroir herausholen. Das Terroir gibt den Weinen die Namen: Silex, Feuerstein, im Dão und Calcário, Kalk, im Bairrada. Sie entstehen nur in guten Jahrgängen.

Lokal Silex, Filipas Dão-Spitzengewächs, wird aus den Sorten Touriga Nacional (75 Prozent) und Alfrocheiro Preto gekeltert. Die Reben wachsen auf feuersteinhaltigen Böden. Mit seinen kräftigen Konturen, dichten Fruchtaromen (Waldbeeren) mit Anklängen von Gewürzen und Leder sowie seiner eleganten, mineralischen Säure vereint er Charakterzüge des modernen und traditionellen Portugal. Auf jeden Fall ist Silex ein grandioser, finessenreicher Europäer! Da die Vinifizierung außerhalb des Dãogebiets stattfand, darf dieser Wein, obwohl er aus einer 2,5 Hektar großen Einzellage bei Vila Nova de Tazem stammt, nur als Vinho Regional vermarktet werden. Er wird zwölf Monate in neuen Allier-Eichenfässern ausgebaut, die mit 650 Liter Fassungsvermögen mehr als doppelt so groß sind wie normale Barriques.

Der Lokal Calcário ist ein reinsortiger Baga. Diese im Bairrada sehr typische Sorte kann die Finesse eines großen Pinot Noirs erreichen, zeichnet sich aber auch durch viel Tannin aus. Die Rebstöcke, von denen die Trauben stammen, sind sehr alt – 80 Jahre und mehr. Filipa Pato lässt die Maischegärung in offenen Behältern aus Eichenholz ablaufen; auch die Gärung findet in großen Eichenfässern und nicht in Edelstahltanks statt, damit ein Sauerstoffkontakt und damit eine leichte Oxidation möglich ist. Dann wird der Wein im Barrique gelagert, je zur Hälfte in neuen und gebrauchten Fässern.

Auch einen Schaumwein macht Filipa Pato, denn im Bairrada hat die Schaumweinerzeugung eine große Tradition – immerhin wurden dort die ersten Espumantes erzeugt. Filipa Patos 3b aus Baga (70 Prozent) und Bical ist bemerkenswert aromatisch-fruchtig und knackfrisch. Die auf kalkhaltigem Lehmboden stehenden

In Filipa Patos kleinem Keller hat sich die Anzahl der Barriques von Jahr zu Jahr erhöht. Die Winzerin setzt dieses Stilmittel konsequent, aber mit Bedacht ein. Der Reiz ihrer Weine liegt in der Spannung zwischen den traditionellen Rebsorten Portugals und modernster, internationaler Vinifizierung.

Reben, aus denen die Grundweine gekeltert wurden, haben das stattliche Alter von 50 Jahren. Irgendwie scheint man das zu schmecken, der 3 b hat eine tiefe, extraktreiche Substanz. Was die drei B bedeuten? Baga, Bical, Beiras.

Für ihren 2004er Ensaios (»Versuch«) vermählte sie Jaen, Tinta Roriz und Baga aus den beiden Gebieten miteinander. Solche die Gebiete übergreifende Cuvées sind nicht von Australien abgekupfert. Sie waren vor Jahrzehnten in Portugal üblich: »Ich wollte diese alte Tradition wieder aufleben lassen, aber mit modernen Methoden«, sagt sie.

Filipa Patos Weine sind auf dieser Grundlage Schöpfungen des modernen Portugal, auch moderner önologischer Praktiken wie der Kryoextraktion. Mit dieser Methode, durch Gefrieren eine höhere Konzentration der Inhaltsstoffe im Most zu erreichen, begann Filipa Pato 2002. Zusammen mit ihrem Vater erzeugte sie damit einen Dessertwein (FLP) aus den Sorten Sercialinho, Cercial und Maria Gomes. »Die Möglichkeiten moderner Önologie faszinieren mich«, gibt sie zu. Zugleich lässt sie ihre roten Trauben in Eichenfudern fermentieren, die den traditionellen Gefäßen im Bairrada angenähert sind, aber über Temperaturkontrolle verfügen. Oder ist Kastanienholz besser geeignet? Auch damit hat Filipa Pato experimentiert.

Was die Musikfreundin, passionierte Golfnovizin und Liebhaberin der einfachen, aber guten Küche sucht, ist die leichte Eleganz, die Frucht. Tanninreichtum, Kraft und Konzentration sind für Filipa Elemente des »alten Portugal«, einer anderen Generation, der ihres Vaters. »João Portugal Ramos und mein Vater waren Pioniere, die als Erste auf Qualität und internationale Märkte gesetzt haben und so einer neuen Generation von Weinmachern die Tür geöffnet haben«, sagt sie. Das moderne Portugal ist dynamisch. Ein Zeichen der Modernität: In Portugal gebe es heute genauso viele gute Önologinnen wie Önologen.

## FP ENSAIOS TINTO
### VINHO REGIONAL BEIRAS

---

*Der Basiswein, aus Touriga Nacional, Alfrocheiro Preto und Baga komponiert, ist ein modern gemachter, etwas animalisch duftender Rotwein mit schöner beeriger, leicht rauchiger Frucht und guter Säure. Trotz der geringen Menge, die Filipa Pato erzeugen kann (insgesamt nur 50.000 Flaschen), preiswert. Ausbau im Edelstahl und – teilweise – im gebrauchten Barrique, anschließender Verschnitt.*

## FP ENSAIOS BRANCO
### VINHO REGIONAL BEIRAS

---

*Ausschließlich aus portugiesischen Rebsorten besteht diese Cuvée, die zur Hälfte im gebrauchten Barrique und Edelstahltank vergoren und ausgebaut wurde. Dadurch sind die Holznoten sehr zurückhaltend und geben dem Wein gerade so viel Struktur, wie er braucht. Cremig, würzig und mineralisch präsentiert sich dieser weiße Portugiese am Gaumen, den er mit Zitrusnoten und Aromen von grünen Äpfeln und frischen grünen Kräutern umspielt. Das Finale ist lang und elegant. Die Trauben stammen von über 15 Jahre alten Reben auf kalkhaltigem Boden mit Lehmanteil.*

Touriga Nacional, Alfrocheiro Preto, Baga

Arinto, Bical

# ANNATINA PELIZZATTI

## WEINBAU ANNATINA PELIZZATTI, SCHWEIZ

### »Weinmachen – das packt einen ...«

IN DER KLAREN LUFT GRAUBÜNDENS GEDEIHT PINOT NOIR, DER ZU DEN BESTEN DER SCHWEIZ ZÄHLT.
IN IHREM KLEINEN WEINKELLER IN JENINS ERZEUGT ANNATINA PELIZZATTI
IHRE HANDWERKLICHEN, UNGEMEIN ELEGANTEN WEINE MIT EINER BEGEISTERUNG,
DIE VON JAHR ZU JAHR NOCH WÄCHST.

Als Kind wollte Annatina Pelizzatti Bauer werden, nicht etwa Bäuerin. Die Arbeit im Feld und die Maschinen gefielen ihr besser als die Aufgaben einer Bäuerin wie waschen, kochen oder bügeln. Ihre Eltern betrieben eine kleine Landwirtschaft in einem Anwesen mitten in Jenins, ein paar Kilometer von Maienfeld, das durch die kleine Heidi der Johanna Spyri weltbekannt geworden ist, erzählt die schlanke, sportlich wirkende junge Frau. Später habe sie dann etwas ganz anderes gemacht, nämlich eine Lehre bei der Post. Doch das sei für sie wie ein Gefängnis gewesen. Ihre Eltern stellten den gemischten Landwirtschaftsbetrieb 1994 auf Weinbau um, und Annatina heiratete einen Winzer, dessen Vater aus dem Veltlin stammt. Sie hatte ihn bei der Arbeit kennengelernt. Aus der Postangestellten wurde eine Winzerin, die heute bemerkenswerte Weine erzeugt. 1997 stieg sie in das elterliche Weingut ein, es wurde ihr erster selbst vinifizierter Jahrgang.

Annatina Pelizzattis Mann verunglückte vor zehn Jahren tödlich. Zwei Mädchen waren geboren, Alessandra und Laura. Allein als junge Mutter, jedoch mit dem Rückhalt ihrer Familie – die Eltern wohnen über dem ehemaligen kleinen Weinkeller, der heute Probierraum ist; zwei Schwestern gibt es, die allerdings den Weg ins Winzerhandwerk nicht einschlagen wollten – bildet sich die angehende Weinbäuerin mit Feuereifer fort, besucht Lehrgänge an der renommierten Hochschule für Weinbau in Wädenswil, macht eine Ausbildung zum Betriebsleiter, fragt Kollegen um Rat. »Das war ganz ohne Druck«, erzählt sie. »Ich wollte es einfach probieren.« Im Jahre 2002 wurde das Weingut auf sie überschrieben, die Schwestern bekamen ihre Anteile ausbezahlt.

Annatina Pelizzatti ist nicht unbedingt das, was man einen extrovertierten Menschen nennt. Sie hat Augenmaß, kennt ihre Fähigkeiten, sieht die Dinge pragmatisch. Aber manchmal blitzt doch die

Annatina Pelizzatti mit ihren beiden Töchtern (links) und vor dem eindrucksvollen Massiv des Falknis. Die Weinberge von Jenins sind auf der geneigten Schuttfläche vor dem Berg angelegt. Hier gedeiht der Pinot Noir ausgezeichnet. Die Winzerin setzt dazu Klone aus Burgund ein.

## DAS WEINGUT
## IN ZAHLEN

### WEINBAU ANNATINA PELIZZATTI
Sägenstrasse 7
CH-7307 Jenins
Tel. +41-81-3024946
www.pelizzatti-weine.ch

### REBFLÄCHE
3 Hektar

### REBSORTEN
Pinot Noir (Blauburgunder),
Merlot, Syrah,
Cabernet Sauvignon,
Zweigelt, Chardonnay,
Weißburgunder

Begeisterung in ihrem Inneren auf. »Weinmachen ist ein Beruf, der mir lieber und lieber wird«, sagt sie. »Er packt einen und lässt einen nicht mehr los.« Wie auch ihren Lebensgefährten, der eigentlich Musiker ist, aber mit Hingabe (und bei Bluesmusik) im Keller beim Vinifizieren hilft.

Vor fünf Jahren hat sie begonnen, Trauben zuzukaufen. Bis 2.000 Kilogramm sind für einen Winzer frei. Wer mehr kauft, gerät ins Räderwerk der Bürokratie, muss die Mengen deklarieren, wird kontrolliert; ein Aufwand, den sie lange gescheut hat. »Dieses Jahr werde ich wohl wieder zukaufen, fünf bis sechs Tonnen.« Jemand anderer als Annatina Pelizzatti hätte von rasant steigender Nachfrage, von erfolgreichen Produkten geredet. Aber in Annatina Pelizzattis Keller hängen keine Urkunden.

Nur drei Hektar bewirtschaftet Annatina Pelizzatti und produziert etwa 15.000 Flaschen pro Jahr. Gemessen an anderen Betrieben, erscheint das Weingut von Annatina Pelizzatti wie eine jener *garage wineries*, in denen – vornehmlich in der Neuen Welt – ein paar Weinfreaks gesuchte Spitzenweine in Kleinstauflage herstellen. Annatina Pelizzatti versteht sich jedoch als ganz normale Winzerin. Sie baut ihr Weingut mit realistischem Blick für das Mögliche auf.

Sie möchte gerne Holzfuder für die Vergärung ihrer Weine haben, weil sie überzeugt ist, dass Edelstahl die Weine »hart« machen kann. Doch diese Investition muss noch warten. Zunächst hat die Winzerin einen Teil ihrer Fläche mit Burgundklonen neu bepflanzt, »Tendenz steigend«, wie sie lächelnd andeutet. Die kleinbeerigen Trauben dieser Pinotreben liefern Weine nach ihrem Geschmack. Der Jeninser sei etwas anders als der Malanser, das liege an den unterschiedlichen Böden: Die Malanser Parzellen haben einen höheren Schieferanteil. Dort sei es kühler, was dazu führe, dass die Trauben eine Woche später reif seien. Praktisch für einen Kleinbetrieb, dem nicht allzu viele Erntehelfer beispringen können.

Jenins liegt vor einer malerischen Bergkulisse mit schneebedeckten Gipfeln. Auf die Berge ist Annatina Pelizzatti schon immer gerne gestiegen. Weit schweift dort der Blick ins Rheintal nach Süden. Man fühlt sich da oben fern von allen Sorgen. »Dazu eine Flasche Pinot«, meint sie schmunzelnd, »und das Glück ist vollkommen.«

### JENINSER PINOT NOIR BARRIQUE

### BLAUBURGUNDER EICHHOLZ

### SORSO

*Dieser Pinot von ausgesuchten Parzellen wird ein Jahr im Barrique aus französischer Eiche (von einer Küferei in Burgund) ausgebaut. Sein feiner, eleganter und sehr klarer Pinotduft wird ergänzt durch würzige Noten und Aromen von Schokolade. Das seidig-weiche Mundgefühl ist ein reizender Kontrast zu der dichten, kräftigen Textur. Wunderbare Länge.*

*Eichholz heißen die Lagen am unteren Rand des Schotterkegels, auf dem die Jeninser Reben stehen. Dieser Blauburgunder wird im großen Holzfass ausgebaut. Klassische, kirschige Pinotnase mit saftiger, finessenreicher Frucht, kühl und klar wie die Luft in Graubünden.*

*Den Sorso bezeichnet die Winzerin mit der ihr eigenen Untertreibung als »ein bisschen eine Spielerei«. Der Name bedeutet so viel wie »Schluck«. Die Cuvée aus 80 Prozent Merlot, Pinot Noir, Cabernet Sauvignon und Zweigelt reifte zwölf Monate im Barrique. Ein komplexer, duftig-würziger, an reife Pflaumen und Schwarz-kirschen erinnernder Wein.*

Pinot Noir

Pinot Noir

Merlot, Pinot Noir,
Cabernet Sauvignon, Zweigelt

# SARA PÉREZ

VENUS LA UNIVERSAL, MAS MARTINET, SPANIEN

*»Wir haben beste Voraussetzungen für Spitzenweine«*

DIE GESCHICHTE VON SARA PÉREZ ÄHNELT DEM MÄRCHENHAFTEN, KOMETENGLEICHEN AUFSTIEG DES PRIORAT VON EINEM VERGESSENEN FLECKCHEN ERDE ZU EINER DER TOP-WEINREGIONEN SPANIENS. SARA PÉREZ GEHÖRT ZU DEN BEGABTESTEN UND GESUCHTESTEN WEINMACHERN SPANIENS, IHRE WEINE SIND KULT. IM PRIORAT HAT ALLES BEGONNEN.

Sara Pérez ist eine schmale, schlanke Frau mit langen dunklen Haaren und markant geschnittenen Zügen. Im Umgang mit Gästen wirkt sie äußerst bescheiden, obwohl sie allen Grund hat, stolz zu sein auf das, was sie geschafft hat. Denn wer schon kann so viel Erfahrung im Erzeugen und im Umgang mit Spitzenweinen vorweisen wie die junge Mittdreißigerin? Schon vor einigen Jahren erklärte sie eine spanische Tageszeitung zur »wichtigsten Frau des spanischen Weins«.

Ihr Vater ist José Luis Pérez, jener Professor, der Ende der 1970er Jahre mit wissenschaftlicher Exaktheit ein Weingut im Priorato errichtete, Mas Martinet. Er und ein paar Freunde waren dem Drängen des genialen Visionärs René Barbier gefolgt und gründeten zunächst eine Art Kooperative, das heißt, sie bauten ihren Wein gemeinsam aus und verkauften ihn individuell.

Keiner ahnte damals, wie schnell ihre Weine aus den heimischen Sorten Garnacha und Cariñena sowie internationalen Sorten wie Cabernet Sauvignon und Syrah bald Superstars sein würden: Clos Mogador, Clos Martinet, Clos Dofí, Clos de l'Obac.

Mas Martinet ist längst neben dem Clos Mogador von René Barbier eines der Kultweingüter im Priorat. Schon als junges Mädchen musste Sara dort mit ihrem jüngeren Bruder Marc helfen und die Weine beaufsichtigen. Oft stritten die beiden, wer die Arbeit des Verkostens übernehmen sollte. Eigentlich wollte Sara Pérez nicht in den Winzerberuf einsteigen. Also studierte sie zunächst Biologie, Tiere hatte sie schon immer gemocht. In Barcelona studierte sie Philosophie – und machte einen Abschluss in Önologie.

Nach und nach übernahm sie immer mehr Verantwortung während der Lese und im Keller; denn oft war der Vater als Berater unterwegs. Inzwischen hat Sara Pérez die Leitung übernommen.

Auch Süßweine werden in der Appellation Montsant hergestellt. Sara Pérez lässt dazu die Trauben trocknen. Dadurch wird die Zuckerkonzentration im verbleibenden Most erhöht.

## DAS WEINGUT IN ZAHLEN

**VENUS LA UNIVERSAL**
Carreterea de Porrera s/n
E-43730 Falset
Tel. +34-977-830545
Fax +34-977-830545
www.venuslauniversal.com

**REBFLÄCHE**
4 Hektar

**REBSORTEN**
Garnacha, Cariñena, Cabernet Sauvignon, Merlot, Syrah

**MAS MARTINET**
Carreterea Falset-Gratallops km 6
E-43730 Falset
Tel. +34-629-238236
Fax +34-639-121244
www.masmartinet.com

**REBFLÄCHE**
10 Hektar

**REBSORTEN**
Garnacha, Cariñena, Cabernet Sauvignon, Merlot, Syrah

Der Generationswechsel war geräuschlos. Sara ist wie ihr Vater, der sich wieder der wissenschaftlichen Erkundung des Bodens widmet, überzeugte Terroiranhängerin. Die steilen Hänge des Priorat sind von Schiefer geprägt, katalanisch Llicorella genannt.

An ihrem Ziel, große Weine zu erzeugen, sieht sie sich noch nicht angekommen – Wein machen ist im Grunde wie das Lernen ein lebenslanger Prozess. »Wir haben hier ein großes Terroir und können wirklich große Weine machen«, sagt sie. »Aber wir müssen noch weiter an unserer Arbeit feilen, sowohl im Weinberg als auch im Keller.« Ihre Vorstellung der Prioratweine: mehr Eleganz und mehr Frische. Die Verwendung von neuem Holz hat sie reduziert. Ihre Weine müssen kraftvoll und komplex sein, zugänglich gemachte Tropfen hält sie für einen Irrweg. Der Boden muss aus dem Wein sprechen!

Dass die Winzerin den Sohn von René Barbier heiratete, René Barbier junior, ist nur folgerichtig. Zwei der erfolgreichsten Winzer des Priorato sind damit eine Familie. Im Herbst 2001 gründeten die beiden mit Freunden das Projekt La Vinya des Vuit. Dieser »Wein der Acht«, auch kurz »Ocho« genannt, wird in Kleinstauflage aus Trauben von 100 Jahre alten Cariñena- und Garnachareben gekeltert. Er versinnbildlicht auch den Zusammenhalt und die gemeinsame Begeisterung der jungen Winzergeneration, zu der Sara und ihr Mann gehören.

Bekannt geworden ist Sara Pérez als Beraterin und Weinmacherin der Kooperative Cims de Porrera, deren Keller sie auf Vordermann brachte. Nicht ganz einfach war es am Anfang, sich durchzusetzen: Von einer jungen Frau Ratschläge annehmen, war zunächst wenig nach dem Geschmack der alten Weinbauern. »Sie waren hart wie der Llicorella«, erinnert sich Sara Pérez. Aber Schiefer bröckelt leicht. Heute wird Cims de Porrera von Saras Bruder Adria geleitet. Ihre Vorstellungen brachte Sara Pérez als gefragte beratende Önologin auch anderswo ein, etwa auf Mallorca (Hereus de Ribas) oder in der gerade entdeckten Appellation Ribeira Sacra.

Vor allem aber engagiert sich Sara Pérez für ihr eigenes Projekt in Montsant. In dieser Nachbarappellation, die erst seit 2001 den Status einer DO (Denominación de Origen) genießt, verwirklichte die Winzerin 1999 ihren Traum mit der Gründung einer kleinen Bodega mit wenigen Hektar Rebfläche: Venus La Universal. Ihre ersten Weine – Aeneas und Venus – wurden von der internationalen Kritik überschwänglich aufgenommen. Aus Aeneas wurde inzwischen der vom Namen gesehen femininere Dido. »Montsant hat ein ungeheures Potenzial«, versichert begeistert die Winzerin.

**CLOS MARTINET**
**DOCA PRIORAT**

**GRATALLOPS PARTIDA BELLVISOS**

**VINYA DEL VUIT**
**DOCA PRIORAT**

**VENUS LA UNIVERSAL**
**DO MONTSANT**

*Hier liegen Sara Pérez' Ursprünge. Der von ihrem Vater entworfene Kultwein besteht mehrheitlich aus Garnacha und Cariñena, enthält aber auch die internationalen Komponenten Syrah und Cabernet Sauvignon. Das ausgesprochen dichte, tiefgründige Mundgefühl bei würzigen Aromen von dunklen Waldbeeren, Cassis und Veilchen verweist auf die extrem niedrigen Erträge, die bei 20 Hektoliter pro Hektar liegen. 18 Monate Ausbau in französischen Barriques verleihen dem Wein zusätzlich Struktur. Großartiges, tabakwürziges und intensives Finale mit Rumtopfnote. Einer der besten Rotweine Spaniens.*

*Autorenwein von Sara und ihrem Mann René von vier Hektar, die René gekauft hat. Die Rebstöcke darauf sind über 100 Jahre alt und werden biologisch-dynamisch bewirtschaftet. 2002 war der erste Jahrgang; eigentlich wollte das Paar ihn nach ihrer Tochter Ariadna benennen, entschied sich dann aber für den Namen des Dorfes, der so viel wie »schöne Aussicht« bedeutet. Aus Garnacha, Cariñena und Garnacha Peluda gekelterter Wein, den es nur in limitierten Kontingenten gibt.*

*Hier zeigen uralte Rebstöcke von Garnacha und Cariñena, welch einen modernen Wein ein Team von begeisterten Weinmachern ihnen entlocken kann. Konzentriert und intensiv, dichte und üppige Beerennoten, ausgereiftes Tannin und mineralische Säure, die ihm Eleganz verleiht: Alles steht in einem stimmigen Verhältnis. Ein außergewöhnlicher Wein mit Zukunft – für seine Entwicklung und die des Gebiets. Und zugleich eine Art Echo des »Urknalls« im Priorat – auch damals hatten sich visionäre Freunde zusammengefunden.*

*Der wahrlich erotische Wein aus Cariñena und Syrah reift 16 bis 18 Monate in Barriques und hat viel Potenzial. Die Syrahreben stehen auf Granitboden, die Cariñenastöcke auf Schiefer. Da nur wenige Tausend Flaschen hergestellt werden, ist er schwer zu bekommen, wenn auch weit preiswerter als manche Kultgewächse aus dem Priorat. Von dichter, fast schwarzer Farbe, präsentiert sich Venus mit verführerischen Noten von schwarzen Beeren (Brombeeren, Waldbeeren), Holunder, dazu Röst- und Kakao sowie Bitterschokolade, großer Tiefe und samtigen Tanninen.*

Garnacha, Cariñena, Syrah, Cabernet Sauvignon

Garnacha, Cariñena, Gaarnacha Peluda

Garnacha, Cariñena

Cariñena, Syrah

# SILVIA PRIELER

Weingut Prieler, Österreich

*»Mein Favorit ist der Pinot Noir«*

Die promovierte Mikrobiologin Silvia Prieler hält Wein nicht für eine Geheimwissenschaft. Wenn, wie sie sagt, der Boden den Wein macht, dann muss sie über besonders gutes Terroir verfügen. Ihre Leidenschaft gilt zudem dem anspruchvollsten aller Weine, dem Pinot Noir.

Das Weingut Prieler in Schützen am Gebirge ist ein Familienbetrieb in doppelter Hinsicht. Zum einen gehört es seit mindestens 150 Jahren der Familie. Zum anderen arbeiten alle mit, nämlich die Eltern Engelbert und Irmgard Prieler sowie die Kinder Silvia, Michaela und Georg. Silvia Prieler, eine herzhafte Frau mit ansteckendem Lachen, hat 1997 die Leitung des Kellers übernommen und trägt die Verantwortung für die Weine, zusammen mit ihrem Bruder Georg.

Wer prägt die Weine? Silvia Prielers Antwort ist durchaus überraschend, denn sie ist eine tatkräftige Winzerin mit genauen Vorstellungen über die Art, die ihre Weine haben sollen: »Der Boden macht den Wein«, sagt sie. Ihre Rebflächen am 225 Meter hohen Schützner Stein, der zum Hügelland am Neusiedlersee gehört – der Blick auf den See ist von dort besonders reizvoll –, profitieren von einer großen Bodenvielfalt, für die die Natur gesorgt hat. Schieferhaltiges, Muschelkalk, Glimmer, Lehm und Kies sind zu finden und geben vor, was wo am besten wächst.

Spitzenlage ist der Goldberg (Schiefer): Dort wächst ein phänomenaler, mineralischer Blaufränkisch, das Aushängeschild. Johanneshöhe und Ungerbergen: Da herrschen Lehm, Sand und Kieselsteine; dieser tiefgründige Boden speichert im Sommer gut das Wasser. Der Blaufränkisch von dieser Lage ist saftig und fruchtig, klassisch burgenländisch. Seeberg und Sinner sind hellfarben, was vom Kalkgehalt kommt. Hier stehen Burgundersorten, Silvia Prielers Favoriten.

Denn während einer Reise nach Deutschland, wo sie bei einem befreundeten Weinhändler große Weine aus Burgund verkostete, hat es gefunkt zwischen der Winzerin und dem Pinot Noir. Nach viel Überzeugungsarbeit kaufte ihr Vater einen halben Hektar mit 35 Jahre alten Spätburgunderreben und ließ seine Tochter machen. Ihren Erstling (Jahrgang 1998) taufte sie auf ihren Namen.

## DAS WEINGUT
## IN ZAHLEN

---

**WEINGUT PRIELER**
Hauptstraße 181
A-7081 Schützen am Gebirge
Tel. +43-2684-2229
Fax +43-2684-222
www.prieler.at

**REBFLÄCHE**
20 Hektar

**REBSORTEN**
Blaufränkisch, Pinot Noir,
Cabernet Sauvignon, Merlot,
St. Laurent, Welschriesling,
Pinot Blanc, Chardonnay

Silvia Prielers Pinots sind burgundisch durch und durch, auch die Barriques, in denen sie ausgebaut werden, kommen aus Burgund.

Aber auch die anderen Pinotverwandten gehen Silvia Prieler gut von der Hand. Ihr spontan vergorener Weißburgunder (Pinot Blanc) vom Seeberg ließ schon vor Jahren die internationale Kritik aufhorchen. »Weine, die die Region ausdrücken« möchte Silvia Prieler machen, und zwar solche, »die im Gedächtnis bleiben«. Auch bei den Leithaberg-Winzern hat sie sich engagiert und legte beeindruckend finessenreiche rote und weiße Weine dieses Profilweins vor.

Nicht auszudenken, wenn aus Silvia Prieler keine Winzerin, sondern eine Molekularbiologin geworden wäre! Das Studium in Wien hatte sie nach der Matura, dem Abitur, begonnen, weil ihr die Arbeit im Weingut nicht recht gefallen wollte. Da ihr Vater begann, Weine zu exportieren, bat er seine Tochter, ihn auf Messen und Reisen zu unterstützen, schließlich sprach sie besser Englisch als er. So kam sie auf den Geschmack. 1999 erlitt Engelbert Prieler einen schweren Unfall im Keller und konnte ein Jahr nicht arbeiten. Das war die Nagelprobe für Silvia Prieler (deren Bruder Georg noch zur Schule ging). Sie merkte, dass es etwas anderes ist, einen erfahrenen Winzer bei der Arbeit zu unterstützen oder ganz allein vor der Kelter und im Keller zu stehen.

Manche Fehler müsse man eben selbst machen, um daraus zu lernen, sagt lachend Silvia Prieler dazu heute. Der Wein zählte aber schon damals nicht zu diesen Fehlern. Sie weiß noch, wie einmal Weinkritiker gerade den von ihr allein vinifizierten Jahrgang 1999 für besonders typisch für die Handschrift ihres Vaters hielten.

Ihre Handschrift ist so wie die Weine, die die Böden hervorbringen: sich langsam entfaltender Charakter, Tiefgang, Ausgewogenheit, Langlebigkeit. Nichts Vordergründig-Fruchtiges. Typisch für Pinotweine, denen ihre Leidenschaft gehört.

Silvia Prieler setzt den von ihrem Vater eingeschlagenen Weg fort und prägt die Weine dabei auf ihre Weise. Spürbar ist bei ihren Pinotweinen, dass Burgund für sie ein Vorbild ist, das sie interpretiert. So gelingt es ihr, in ihren Weinen die Herkunft klar zum Ausdruck zu bringen.

**SEEBERG PINOT BLANC**

*Auf Kalkgestein wächst dieser Weißburgunder von der Riede Seeberg. Das verleiht ihm viel Mineralität und Finesse. Er ist ein saftiger Pinot Blanc mit Aromen von Birne, Apfel und Zitrusfrüchten, pikant würzig und geschmeidig mit schmelziger Länge, klassisch Pinot eben. Mit der Reife entwickelt dieser vorzügliche Wein feine Nussnoten.*

**PINOT NOIR**

*Hinreißende Burgundinterpretation vom Muschelkalkboden. Im Duft reife Schwarzkirschen und dunkle Beerenfrüchte, am Gaumen präsentiert er sich nobel mit lebendiger Säure und elegant-geschmeidigem Mundgefühl, würzigem Biss, großem Finale und mineralischem Spiel, voilà! Dieser Prieler-Pinot ist mehr als eine kleine Sünde wert.*

**LEITHABERG ROT**

*Das Leithagebirge ist die bis zu 400 Meter hohe und etwa 35 Kilometer lange Grenze zwischen den Alpen und der pannonischen Ebene. Die Böden sind zumeist Muschelkalk und Schiefer. Sie sorgen für mineralisch geprägte, sehr elegante Weine. Der rote Typus Leithaberg – vor kurzem von einer Gruppe von Winzern als Profil definiert – ist immer eine Cuvée aus heimischen Sorten. Silvia Prieler stellt einem Hauptanteil Blaufränkisch etwas St. Laurent und Pinot Noir zur Seite und lässt die Cuvée 20 Monate in gebrauchten Barriques reifen. Das Ergebnis ist ein herrlich eleganter, zugleich kräftig konturierter, tiefgründig-satter und waldbeeriger Rotwein.*

**LEITHABERG WEISS**

*Der weiße Leithaberg von Silvia Prieler ist ein reiner Weißburgunder. Er wurde im großen Holzfass ausgebaut. Neben den typischen Sortenaromen – Haselnuss, Birne, Grapefruit, weiße Blüten – prägt vor allem die Mineralität diesen Wein, dessen ausgefeilte, bestens ausbalancierte, saftige Frucht den Mund füllt und sehr lange anhält.*

Pinot Blanc

Pinot Noir

Blaufränkisch, St. Laurent, Pinot Noir

Weißburgunder

# LUISE VON RACKNITZ-ADAMS

## WEINGUT VON RACKNITZ, DEUTSCHLAND

### *»Wir wollen Weine machen, die lange halten«*

#### IN NUR WENIGEN JAHREN HAT SICH LUISE VON RACKNITZ-ADAMS MIT IHREN WEINEN RESPEKT UND ANERKENNUNG ERARBEITET. BEI INSIDERN GILT SIE SCHON ALS DER GEHEIMTIPP AN DER NAHE. WIE SCHAFFT MAN SO WAS?

Die tägliche Aufgabenliste einer Winzerin ist lang, besonders wenn sie junge Mutter ist. Während der Lese wollen die Erntehelfer bekocht und versorgt werden. Traktor fahren, Tanks reinigen, die Gärung beaufsichtigen, das gehört dazu. Händlerbesuche, Präsentationen an Wochenenden, Kunden. Luise von Racknitz, Anfang dreißig, Mutter des im Dezember 2006 geborenen, quicklebendigen Moritz, hält nichts von viel Getue um ihr Winzerinsein. Natürlich habe eine Frau nicht die Kräfte eines Mannes, und um die Kinder und den Haushalt müsse sich jemand kümmern, aber alle alltäglichen Aufgaben in einem Weinbaubetrieb könnten Männer und Frauen sicher gleich gut bewältigen. Am besten gemeinsam. Ohne ihren Mann Matthias, sagt sie, »säße ich nicht hier«. Als Winzerin allein auf sich gestellt sein, vielleicht mit Kindern, das ist für sie eine Leistung, vor der man Respekt haben muss.

Luise Freifrau von Racknitz packt an, wo es nötig ist. Ohne große Worte. Die Eltern produzierten Fasswein, von dem man früher noch gut leben konnte. Ihre Tochter, studierte Geisenheimerin, berichtet auf den Onlineseiten einer bekannten Frauenzeitschrift regelmäßig unter dem Titel »Aus Liebe zum Wein« über ihr Leben auf dem Weingut. Wein ist hier Frauensache.

Die Besonderheit der Racknitzschen Weine gründet sich auf die außergewöhnliche Lage des Weinguts am Disibodenberg bei Odernheim am Glan im Anbaugebiet Nahe. Auf dem Berg stehen die Ruinen eines Klosters, das seit 1108 zum Benediktinerorden gehörte. Dort wirkte Hildegard von Bingen fast vier Jahrzehnte ihres Lebens. Die alten, von einer Stiftung gepflegten Klosteranlagen gehören der Familie von Racknitz. Das mächtige Weingut im Tal, unweit der Mündung des Seitenflüsschens Glan, ist der ehemalige Gutshof des Klosters und seit 200 Jahren im Familienbesitz.

Der Disibodenberg mit seinen terrassierten Rebzeilen hat härteres Gestein als das umliegende Gelände, das im Lauf der Zeiten abgetragen wurde. Geologen kennen das Gemenge als Disibodenberger Schichten: Grauschiefer, Rotliegendes, Pyrit und mehr. So ragt der Berg markant ins Land. Seit dem 11. Jahrhundert stehen dort ohne Unterbrechung Reben auf rund sechs Hektar. Andere Lagen bei Niederhausen (Hermannshöhle, Rosenheck, Kertz und Klamm), Schloßböckelheim (Königsfels) und am Rotenfels ergänzen das Terroirsortiment von vulkanischen, Porphyr- und Schieferböden. Klassisch Nahe.

»Die Herkunft muss man schmecken«, sagt die Winzerin. Tief haben die meist zwischen 30 und 40 Jahre alten Rebstöcke ihre Wurzeln in den Boden getrieben. Fast nur Riesling baut die Familie von Racknitz-Adams aus. Stahltanks, aber auch große Holzfuder werden verwendet, vergoren wird mit natürlichen Hefen. Das verleiht den Weinen eine ganz eigene Charakteristik und Würze. »Spontangärung, so wie es kommt«, erklärt die Winzerin. Ihre Weine sollen halten. Schließlich bemühe man sich jahraus, jahrein um die Reben. Dann könne es doch nicht sein, dass ein Wein nach zwei Jahren schon nicht mehr schmecke. Die begeisterte Reiterin - der 13-jährige Trakehnerwallach Nanu, der seinen Namen seinem fragenden Blick verdankt, liefert auch Dünger für die Reben – will der heutigen Schnelllebigkeit etwas entgegensetzen: ihre Weine.

Luise von Racknitz-Adams und ihr Mann Matthias Adams, ein ehemaliger Banker, bewirtschaften ein Portfolio klug ausgewählter Nahe-Spitzenlagen. Die Aufgabe ist gewaltig, denn neben der Arbeit, die in die Weinberge gesteckt werden muss, gibt es da auch ein altes, sehr großes Gutshaus mit vielen Zimmern, das in Schuss gehalten und teilweise renoviert werden will.

**DAS WEINGUT IN ZAHLEN**

**WEINGUT VON RACKNITZ**
Disibodenberger Hof
D-55571 Odernheim
Tel. +49-6755-285
Fax +49-6755-1653
www.von-racknitz.com

**REBFLÄCHE**
13 Hektar

**REBSORTEN**
Riesling, Grauburgunder, Schwarzriesling

### NIEDERHÄUSER KLAMM
### RIESLING TROCKEN

_Die dezente Würznote verrät die spontane Vergärung und lässt den Rieslingduft edel und elegant erscheinen. Am Gaumen Grapefruitnoten. Herbwürzig, mineralisch, ausdrucksvoll, auch fordernd bis zur kräuterwürzigen Länge: Dieser solide Wein wird an der Luft erst richtig gut. Dekantieren! Nichts für Schnelltrinker._

### ODERNHEIMER KLOSTER
### DISIBODENBERG
### RIESLING ALTE REBEN

_Schmelzig-dichte Rieslingnase mit Aprikose, Pfirsich und tropischen Früchten, feine Honignote; am Gaumen mineralisch-saftig und würzig. Intensiver, verführerischer und sehr nachhaltiger Genuss. Es macht Spaß, sich in diesem elegant-kräftigen Wein durch die Disibodenberger Schichten zu arbeiten. Die Süße passt genau._

### SCHLOSSBÖCKELHEIMER KÖNIGSFELS
### RIESLING

_Nach Ansicht vieler Winzer ist der Königsfels eine der besten Lagen an der Nahe. Eine davon hat die Familie Racknitz-Adams erworben. Die Rebstöcke sind bis zu 70 Jahre alt. Der Wein, der sich insbesondere durch eine stark hervortretende Mineralik auszeichnet, verblüfft durch eine außergewöhnliche Kräuterduftigkeit; Thymian und Lavendel dominieren. Einzigartig ist die cremige Textur mit einer schönen Fruchtigkeit (exotische Früchte). Ein ganz besonderer Wein!_

# HEIDI SCHRÖCK

Heidi Schröck, Österreich

*»Ich betrachte mich als Bäuerin«*

Ausbruch vom Neusiedlersee hat einen Namen: Heidi Schröck.
Die Winzerin, oder, wie sie sich lieber nennt, Weinbäuerin, war in Rust die erste Frau,
die sich auf den Süsswein spezialisierte und dies mit ihrem Namen auf dem Etikett
selbstbewusst signierte. Bis heute ist »edelsüss« ihre Leidenschaft.

Es war ein Winzer, der hatte drei Töchter. Eine hieß Heidi, das war die jüngste. Als die Zeit kam, sagte sie: »Vater, lass mich in die Welt hinausziehen, damit ich sehen kann, ob der Winzerberuf der richtige für mich ist.« Der Vater aber liebte seine drei Töchter sehr und ließ es zu. Da ging sie in ein fernes Land, das hieß Rheinhessen. Dort lernte sie den Winzerberuf, und nach einem Jahr sah sie, dass es gut war. Sie kehrte nach Hause zurück, wurde Winzerin, und wenn sie nicht gestorben ist, macht sie noch heute prima Weine.

Wollte man ihre Geschichte à la Brüder Grimm erzählen, würde sich Heidi Schröck wahrscheinlich sehr amüsieren. Die Wirklichkeit ist freilich komplizierter. Aber haben nicht Märchen immer einen wahren Kern? Und ist Heidi Schröcks Geschichte nicht märchenhaft? Eine Winzerin im Burgenland. Aber von Anfang an nicht irgendeine. »Ich war die erste in Rust«, nickt sie und lächelt. Das war 1988, da übernahm die frischgebackene Weinbau- und Kellermeisterin mit 27 Jahren die volle Verantwortung für den Keller. Der Vater Wilhelm Schröck, heute ein weißhaariger freundlicher Herr, sei sehr großzügig gewesen und habe seiner Tochter nicht hineingeredet, erinnert sich die Winzerin. »Männer können sich wohl besser lösen.«

Man merkt rasch: Bei Heidi Schröck ist Leidenschaft im Spiel. Sie übernahm nicht einfach das Weingut des Vaters. Sie gründete in Wahrheit ihr eigenes. Vater Schröck hatte überwiegend trockene Weine ausgebaut, nur in guten Botrytisjahren gab es Ausbruch. Heidi Schröck machte die Burgenländer Süßweinspezialität zur Kernkompetenz und wurde Präsidentin (bis 2002) der 1991 gegründeten Vereinigung »Cercle Ruster Ausbruch«. Eine mutige Entscheidung – nur wenige Jahre nach dem Glykolskandal. Süßwein aus Österreich? Das war damals schwer. Doch schon zuvor hatte die Weinbäuerin Mut zu Entscheidungen bewiesen. »Was machst denn ausgerechnet in Rheinhessen?«, fragten die Freunde und Kollegen, als die 18-Jährige nach dem Abitur beschloss, 1979 beim Weingut Schales in Flörsheim-Dalsheim zu lernen. Heidi Schröck, die vielleicht auch gerne Geschichte oder Architektur studiert hätte, aber nach der Schule erst mal etwas Praktisches tun wollte, um ihren Weg zu finden, hat ihre Entscheidung nie bedauert. Nur einen Fehler hat sie damals gemacht: »Ich hatte leider die Führerscheinprüfung zu leicht genommen und war kurz vorher durchgefallen. Flörsheim-Dalsheim liegt mitten in der Pampa. Und ich ohne Führerschein, das war bitter!« Noch heute verbindet sie eine herzliche Freundschaft mit der Familie Schales.

Als sie zurückkehrte (und den Führerschein machte), stand die Entscheidung für den Winzerberuf endgültig fest. Nach einem Intermezzo als Österreichische Weinkönigin zog es sie nach Südafrika. Das war damals Neuland. Die Zeit der Flying Winemaker und des globalisierten »internationalen Weinstils« war noch nicht angebrochen. Die junge Österreicherin in Südafrika suchte etwas Authentisches, schaute sich alles ganz genau an und wusste schließlich sehr schnell, was für sie wichtig war.

Zum einen war das das Handwerk. Da sieht sich die Winzerin ganz in der Tradition ihrer Familie. Ihre Vorfahren, Protestanten, waren um 1750 aus Gera in Thüringen ins Burgenland gekommen. Kaiserin Maria Theresia hatte seinerzeit den Lutheranern großzügig Land in unbesiedelten Gebieten zur Bewirtschaftung angeboten. Das alte Anwesen der Schröcks mit dem schweren grünen Hoftor beherbergte noch bis ins 20. Jahrhundert ganze Familien von Landarbeitern.

Das Anwesen der Schröcks beherbergte früher noch die Familien der Landarbeiter. Behutsam und stilvoll hat Heidi Schröck das Weingut renoviert: »Architektur hätte mich interessiert.«

Und zum andern gab es den Wein: Jemandem, der im Jahrhundertjahrgang 1961 geboren wurde, mag die Liebe zum Wein wohl in die Wiege gelegt worden sein. Die Böden, die Reben, die Lage des Guts in Sichtweite des Neusiedlersees, kaum fünfzig Schritte, nur durch einen Uferweg getrennt, man riecht den See, das Schilf – das waren allerbeste Voraussetzungen. »Wenn morgens die Sonne aufgeht und sich mit ihren ersten Strahlen im Wasser des Sees bricht«, schwärmt Heidi Schröck, »dann ist das wundervoll.« Die Weinbäuerin weiß auch: Während der Erntezeit passiert viel in diesen Morgenstunden, wenn die Sonne durch den Nebel dringt. Dann entsteht Botrytis, die Edelfäule. Auf den Flügeln der Morgenröte nennt sie daher eine Cuvée aus Welschriesling, Weißburgunder und anderen Sorten. Der Psalm 139 über die schützende Allgegenwart Gottes hat Heidi Schröck beeindruckt: »Nähme ich Flügel der Morgenröte und bliebe am äußersten Meer, so würde auch dort deine Hand mich führen und deine Rechte mich halten.«

Der ausgezeichnete Süßwein Turner ist ein reinsortiger Furmint und heißt so nach der Lage. Heidi Schröck keltert andere Süßweine aus Welschriesling, Weiß- und Grauburgunder sowie Muskateller, aber auch trockene Weiße; Chardonnay und Sauvignon Blanc sind ausschließlich für Süßweine vorgesehen. Die Vielfalt der Böden in Rust begeistert die Weinbäuerin. Kalk und Glimmerschiefer sind die Basis für mineralische, lebendige Weine. Auch Rotweine baut Heidi Schröck aus, etwa aus Blaufränkisch, dessen knorrige Rebstöcke noch vom Großvater gepflanzt worden waren. Der Sortenspiegel war und ist jedoch von jeher zu zwei Dritteln von den Weißen bestimmt.

Kerngesunde Trauben sind das Ergebnis sorgfältiger (Hand-)Arbeit. Heidi Schröck baut nicht nur Weißweinsorten für ihre fulminanten Süßweine, sondern auch rote Trauben an. Es sind klassische Österreicher: Blaufränkisch, Zweigelt und St. Laurent.

Das Gute bewahren:
Das traditionelle
Holzfass kommt bei
Heidi Schröck immer
noch zum Einsatz.

## DAS WEINGUT
## IN ZAHLEN

### HEIDI SCHRÖCK
Rathausplatz 8
A-7071 Rust
Tel. +43-2685-229
Fax +43-2685-2294
www.heidi-schroeck.com

### REBFLÄCHE
10 Hektar

### REBSORTEN
Welschriesling, Weißburgunder,
Grauburgunder, Furmint,
Gelber Muskateller, Chardonnay,
Sauvignon Blanc, Blaufränkisch,
Zweigelt, St. Laurent

Drei Großtanten – resolut, neugierig und dennoch das Gute bewahrend – haben das Gut nach dem Ersten Weltkrieg geleitet, es gab keine Männer. Was bedeutet Frausein für die Weinbäuerin? Kochen, könnte man vermuten, wenn man hört, dass Heidi Schröcks Mutter täglich kocht, und zwar »exzellent«, dass ihre Großmutter in einem Restaurant kochte und ihre Schwester Christiane »die beste Gulaschköchin westlich der Puszta« ist. Auch Heidi Schröck kocht leidenschaftlich gern, am liebsten, wenn Leute zu Besuch sind: klassisch österreichisch und mediterran. Aber geschlechtsspezifisch ist das ja nun nicht. Das Frauenthema ist ihr seit ihrer Gymnasialzeit wichtig. Immer interessierte sich die Weinbäuerin für andere Frauen, die Wein machten. Seit den 1990er Jahren pflegt sie viele Kontakte zu Kolleginnen auf der ganzen Welt: »Man kann so viel voneinander lernen.«

Das beliebte Klischee von der allein erziehenden Mutter, die mit beiden Beinen im Leben steht und das Weingut bewältigt? Heidi Schröck winkt ab. »Ich hatte viel Unterstützung durch die Mutter und meine Schwestern.« Die Söhne, Zwillinge, haben ihr Abitur gemacht. Ob sie wohl mal der Mutter vorschlagen, dass das Weingut durch sie geleitet werde? »Wissen's, man kann die Leidenschaft nicht vererben«, sagt Heidi Schröck, die vor kurzem eine neue Leidenschaft bei sich entdeckt hat, das Singen (der Chor hat den hübschen Namen »Noise Experience«, das Repertoire umfasst Queen, Bon Jovi, Robbie Williams). Aber sie weiß, dass sie ihrem Nachwuchs nichts Schlechtes vorgelebt hat. Sie werden ihn möglicherweise eines Tages auch erleben, jenen magischen Moment, in dem Heidi Schröck beschloss, auf das Etikett ihrer Weine nicht den Namen eines Winzerhofes zu schreiben, sondern ihren eigenen: Heidi Schröck. Weinbäuerin in Rust.

## RUSTER AUSBRUCH
### AUF DEN FLÜGELN DER MORGENRÖTE

---

*Diese Cuvée ist Heidi Schröcks »Herzblut«: In den frühen Morgenstunden reift die Edelfäule Botrytis cinerea, die die Beeren schrumpfen lässt. Im Duft zarte Anklänge von Marillenkonfitüre und Ananas, auch rote Weinbergspfirsiche, im Mund verführerisch cremig und schmelzig süß mit weinigem Spiel, daher äußerst elegant, zart wie Eos, die Göttin der Morgenröte.*

## FURMINT

---

*Der Furmint ist eine alte, traditionsreiche Rebsorte und ist in Bezug auf den Boden recht anspruchslos. Ihr heutiges Hauptanbaugebiet liegt in Ungarn. Dort ist sie die Trägersorte des berühmten Tokajers. Heidi Schröcks Furmint aus dem Herz der Rusterlagen duftet nach Birnen und frischherben Früchten. Ein fülliger Wein mit einer frischen Säure, floralen Aromen. Je länger er im Glas ist, entwickelt er eine wunderbare Harmonie und eine schöne Länge.*

## GRAUBURGUNDER

---

*Üppiger Grauburgunder mit kräftigen Holzkonturen (ein Jahr Reifung im Holzfass), im Duft feinste Holznoten mit vielen würzigen, pflanzlichen Nuancen (Artischocke), mächtige, fast barocke Form, jedoch frisch und verspielt.*

## BLAUFRÄNKISCH KULM

---

*Die Reben für diesen Wein wurden 1955 gesetzt. Die Erdverbundenheit merkt man diesem nach Wald- und Brombeeren duftenden Blaufränkisch an, der mit seinen würzigen Noten einen sonnigen Spätsommertag im Wald aufleben lässt; sehr durchgängig ohne die geringste Holzschminke, sehr gute Struktur bei toller Länge, nicht zu schwer und nicht zu leicht, gerade richtig für feine Speisen.*

Welschriesling, Weißburgunder u. a.

Furmint

Grauburgunder

Blaufränkisch

# CAROLIN SPANIER-GILLOT

## WEINGUT KÜHLING-GILLOT, DEUTSCHLAND

### »Deutscher Wein ist ein Kulturgut«

IM WEINGUT IHRER FAMILIE HABEN DIE FRAUEN SCHON IMMER EINE BESONDERE ROLLE GESPIELT. AUCH CAROLIN SPANIER-GILLOT IST IN DAS ELTERLICHE WEINGUT IN BODENHEIM EINGESTIEGEN. EIGENTLICH IN ZWEI GÜTER, DENN DIE NACHWUCHSWINZERIN HAT EINEN RHEINHESSISCHEN JUNGWINZER GEHEIRATET. DIE WEINGÜTER KÜHLING-GILLOT-BATTENFELD-SPANIER SPIELEN SCHON JETZT IN RHEINHESSEN GANZ VORNE MIT.

Die Winzertochter Carolin Gillot verliebte sich während ihrer Ausbildung in Geisenheim in einen Kommilitonen, Oliver Spanier aus Hohen-Sülzen im rheinhessischen Hügelland. Die beiden heirateten. Dadurch wuchsen zwei Weingüter mit Doppelnamen zu einer Familie zusammen, nämlich Kühling-Gillot in Bodenheim und Battenfeld-Spanier in Hohen-Sülzen.

Mit selbstbewusstem Charme führt die blonde Carolin Spanier-Gillot den Besucher durch das elterliche Weingut in Bodenheim bei Mainz und sagt: »Hier wird Wein produziert, das ist kein Showkeller.« Das Weingut Kühling-Gillot ist ein alteingesessener Betrieb mit einem schönen Garten und elf Hektar Rebfläche in vielen Spitzenlagen der so genannten Rheinfront, der parallel zum Rhein zwischen Oppenheim und Mainz verlaufenden Hänge. Neben der schönen, alten Familienvilla mitten im alten Ortskern steht ein schlichter, moderner Bau. Carolin Spanier-Gillot: »Wir haben drei Jahre daran geplant!« Vorbilder waren Weingüter in Kalifornien und Österreich mit ihrer spektakulären Architektur. 2006 ist dieses moderne Juwel im Bauhausstil fertig geworden. Ein klösterlich anmutender Gang führt zu Räumen, in denen der Kühling-Gillotsche Rotwein vinifiziert wird. »Wir wollten genau diesen nüchternen Touch, damit man sich ganz auf die Weine konzentriert«, sagt die junge Winzerin.

Am Ende des 20 Meter langen Ganges gelangt man links in einen großzügigen Saal, der mit Eleganz, klaren Linien, warmem Farbenspiel und riesigen, eigens angefertigten Lampen beeindruckt. Carolin Spanier-Gillot hat darauf geachtet, dass in dieser Verkostungslounge Naturmaterialien verarbeitet wurden – kein Sichtbeton. An einer sieben Meter langen Theke wird verkauft und verkostet, und im Saal werden Veranstaltungen ausgerichtet.

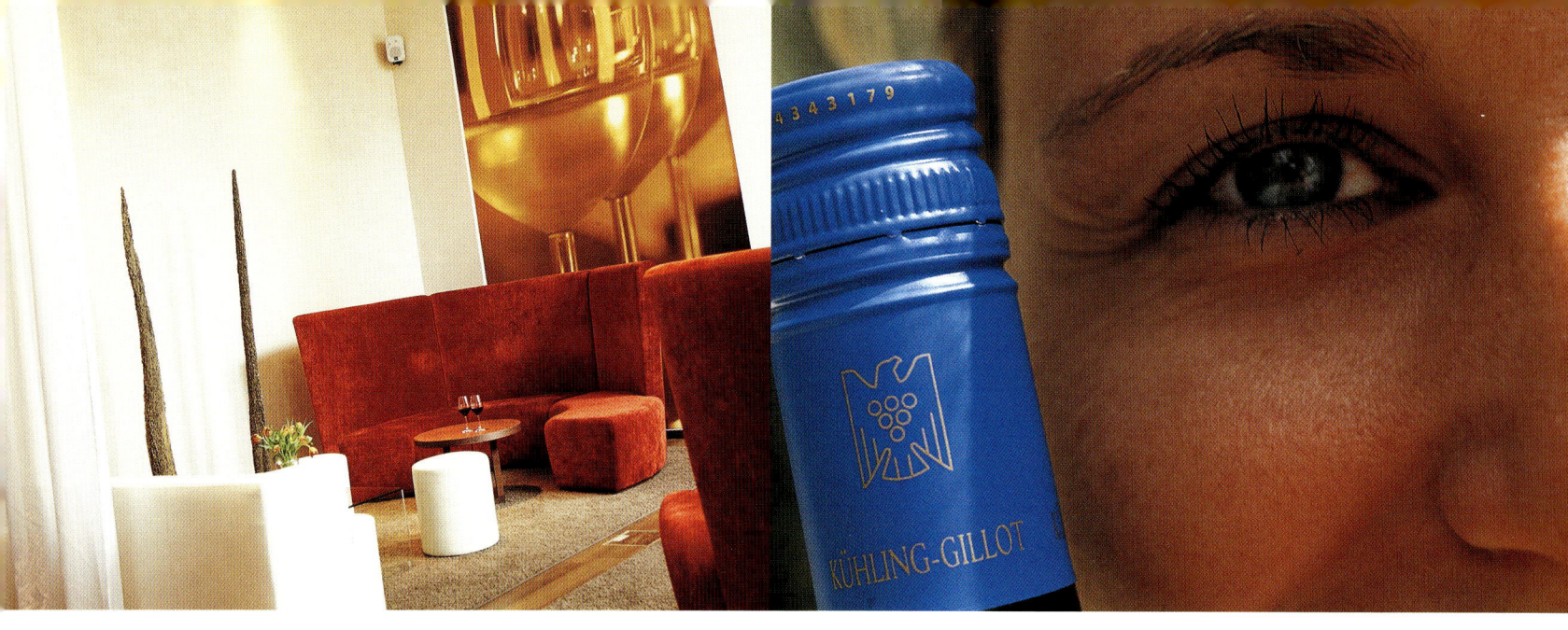

Die gewaltige Investition in den Verkostungsraum zeigt die Entschlossenheit, zukünftig in Rheinhessen vorne mitzuspielen. Und mehr noch: Sie soll, sagt die Winzerin, auch zeigen, dass deutscher Wein ein Kulturgut ist, kein Industrieprodukt. Das Weingut, Mitglied im Verband Deutscher Prädikatsweingüter (VDP), ist selbst eher jung. Es entstand 1970, als Roland Gillot Gabi Gillot-Kühling heiratete. Beider Familienweingüter bestanden da schon 200 Jahre. Das Weingut Kühling wurde traditionell immer an Frauen vererbt, wodurch sich der Name immer wieder änderte. Carolins Vater Roland Gillot hat vor über einem Jahrzehnt eine Rotweincuvée vorgelegt, die bis heute seinen Namen trägt: Giro (von Gillot Roland). Für Carolin ein Einsteiger-Barriquewein, bestens zu Pastagerichten passend.

Der Riesling C (das C steht für Carolin) heißt seit der 2006er Ernte einfach Niersteiner. Denn das, findet die Winzerin, war früher ein klangvoller Name. Die Gutsweinlinie Quinterra hat ihren Namen von den fünf wichtigen Weinbaugemeinden Bodenheim, Nackenheim, Nierstein, Oppenheim und Laubenheim: fünf Terroirs. In der Qualitätshierarchie folgen dann die Lagenweine. Die Großen Gewächse sind die Spitze der Kühling-Gillotschen Pyramide.

Die Rieslinge werden zukünftig im Keller in Hohen-Sülzen vinifiziert. Oliver Spanier wirtschaftet nach Ecovin-Regeln, lässt seine Rieslinge spontan vergären und baut sie im traditionellen großen Holzfass aus. »Wir wirtschaften ökologisch«, erklärt Carolin Spanier-Gillot. Auf eine Zertifizierung kommt es ihr dabei nicht so sehr an. Sie sieht es eher pragmatisch, schließlich kaufe sie ja auch Bioprodukte für den täglichen Konsum. Warum also nicht auch beim Wein? Ihre eigenen Weine mit denen ihres Mannes zu vergleichen, macht nicht nur Besuchern Spaß, sondern auch ihr selbst. »Olivers Weine strahlen immer von Anfang an, der 2006er Quinterra ist eher zurückhaltend und explodiert erst im Sommer. Der kommt eben vom Rotliegenden«, erläutert sie.

Die Terroirs werden dafür sorgen, dass die Weine verschieden bleiben, auch wenn kellertechnisch zusammenwächst, was zusammengehört. Eine junge Weinfamilie, deren Begeisterung und Können beiden Weingütern schon jetzt das Prädikat »Aufsteiger« im Gault-Millau-Weinguide und ebenso viel Lob von Weinkritikern eingebracht haben.

Carolin Spanier-Gillots Handschrift zeigt sich nicht nur in den Weinen mit dem VDP-Adler, sondern auch in der Einrichtung der Verkostungslounge. Dort laden farbenfrohe Sitzgruppen zum gemütlichen Probieren ein.

## DAS WEINGUT IN ZAHLEN

**WEINGUT KÜHLING-GILLOT**
Ölmühlstraße 25
D-55294 Bodenheim
Tel. +49-6135-2333
Fax +49-6135-6463
www.kuehling-gillot.de

**REBFLÄCHE**
11 Hektar

**REBSORTEN**
Riesling, Portugieser, Spätburgunder, Grauburgunder, Chardonnay, Gewürztraminer, Scheurebe

### NIERSTEIN RIESLING

*Er trug bislang die Bezeichnung C (für Carolin), aber nun heißt er einfach Niersteiner. So möchte die Winzerin die Herkunft betonen, und zwar so, wie es früher war. Da war »Niersteiner« ein Begriff. Der neue Niersteiner ist zitrusfrisch und saftig-opulent, geradlinig und klar. Zarte Noten von grünen Kräutern verraten den Spontangärer. Der Restzuckergehalt um zehn Gramm pro Liter wird durch die knackige Säure aufgewogen und gibt dem Wein ein schmelziges, rundes Mundgefühl.*

### QUINTERRA
### RIESLING TROCKEN

*Kommt vom Roten Hang bei Nierstein, einer der fünf Quinterra-Terroirs. Duftig und mineralisch zugleich, herrliche Pfirsichnoten bei feiner Kräuterwürze (100 Prozent Spontanvergärung). Die knackige Säure hält ihn lebendig und sorgt im Abgang für schöne Zitrusfrische. Ein Gut(s)wein der gehobenen Klasse, der auf die höheren Chargen neugierig macht.*

### BURGWEG SPÄTBURGUNDER
### GROSSES GEWÄCHS

*In den Lagen Oelberg, Pettenthal, Sackträger und Rothenberg gedeihen die Rieslinge der Kategorie Großes Gewächs, teils auf wurzelechten Stöcken. Die Spätburgunder stehen in den Lagen Kreuz und Burgweg bei Bodenheim. Der Name der 1364 schon erwähnten Lage kommt wohl von »Bergweg«, denn eine Burg gibt es nicht. Der kalkhaltige Boden, der sich in der Sonne schnell erwärmt, eignet sich vorzüglich für Spätburgunder, der sehr elegant und leichtfüßig ausfällt. Klassische Aromen von Schwarzkirsche und etwas Vanilleduft (vom Ausbau im Barrique) bei mineralisch-schlanker Art machen diesen Spätburgunder zur – wie die Winzerin sagt – »Gentlewoman of Pinot Noir«.*

Riesling

Riesling

Spätburgunder

# SANDRA TAVARES DA SILVA

WINE & SOUL, PORTUGAL

### *»Ich möchte das Potenzial der Douroweine zeigen«*

DIE WOHL EINZIGE WINZERIN, DIE EINMAL ALS FOTOMODELL GEARBEITET HAT, GEHÖRT ZUR JÜNGSTEN GENERATION AM DOURO. SIE TRÄGT DIE VON DEN SO GENANNTEN DOURO-BOYS BEGONNENE DYNAMISCHE ENTWICKLUNG WEITER, DIE GELEGENTLICH ALS REVOLUTION BEZEICHNET WIRD. IHR ROTER PINTAS IST EIN GARAGENWEIN DER SPITZENKLASSE.

Warum nur ein Weingut, wenn man auch in dreien Weinmacherin sein kann? So könnte man die Philosophie der Önologin Sandra Tavares da Silva beschreiben. Die umtriebige, energievolle Frau war nämlich, bevor sie mit ihrem Mann Jorge Serôdio Borges ein kleines Weingut im Vale de Mendiz kaufte, bereits Weinmacherin bei der Quinta do Vale Dona Maria im Douro sowie im Anbaugebiet Estremadura bei Chocopalha.

Das bedeutet weite Wege, und wer das Dourogebiet kennt, weiß, dass Wegstrecken dort dauern. Das Vale de Mendiz liegt nördlich der Stadt Pinhão im Herzgebiet der Douroregion, dem Cima Corgo. Von dort kommen die meisten Ports und auch Rotweine; die Region umfasst zwei Drittel der gesamten Rebfläche des Douro. Östlich, noch weiter landeinwärts, liegt das heiße, trockene Douro Superior, westlich, zur Küste hin, das Baixo Corgo genannte, zugänglichere, niederschlagsreichere und weniger zerklüftete Teilgebiet. Das Weingut von Sandra Tavares da Silvas Eltern, Chocopalha, liegt dagegen in der Nähe von Lissabon, im Anbaugebiet Estremadura.

Die auf den Azoren geborene und in Lissabon aufgewachsene Winzerin scheut die Mühen der Fahrerei nicht. »Das ist schon ein bisschen verrückt«, sagt sie lachend. Aber die Tour sei ja nur während der Erntesaison mehrmals die Woche nötig. Die Mittdreißigerin, die von ihrem 17. bis 26. Lebensjahr auch als Model Geld verdiente, studierte Agrarwissenschaft in Lissabon (und legte 2001 noch ihren Master in Piacenza in Italien ab). Danach nahm sie ihre Tätigkeit als Weinmacherin auf – zunächst auf der Quinta do Vale Dona Maria mit Cristiano Van Zeller, dem ehemaligen Besitzer der Quinta do Noval und einem jener innovativen Douro-Boys, dann, ab 2000, auf dem elterlichen Weingut.

Die Eltern, Paulo und die aus der Schweiz stammende Alice Tavares, besaßen ihre Quinta seit 1987 und hatten bislang nur Trauben an die Kooperative verkauft. Unter Sandra Tavares da Silvas Regie entstanden auf dem 40-Hektar-Gut Rotweine, die auf Anhieb beachtet wurden und zu den besten Tropfen der Estremadura gezählt werden, wie die elegante Reserva Chocapalha aus Touriga Nacional und Tinta Roriz.

»Mit einer kleinen Menge von 15.000 Flaschen haben wir 2000 angefangen«, erzählt Sandra, die in wenigen Jahren die Produktion vervierfachte und die Marke von 200.000 Flaschen anpeilt. Unter den Chocapalhaweinen ist auch ein Cabernet Sauvignon, dessen Reben der Vater vor über 20 Jahren pflanzte. Man könne aus internationalen Sorten genauso gute und moderne Weine keltern wie aus den autochthonen, findet die Winzerin.

2001 heiratete sie Jorge Borges, einen jungen Önologen, der in Vila Real studiert und gerade bei Dirk van der Niepoort angefangen hatte. Der 2001 Redoma war einer seiner ersten Erfolge bei dem dynamischen, ambitionierten Dourowinzer, einem innovativen Kopf, der bekanntlich nicht nur grandiose Ports, sondern einige der besten Rotweine Portugals erzeugt. Seit 2004 ist Jorge Borges Weinmacher bei Passadouro, einem Weingut, das ebenfalls Niepoort gehört hatte.

Dass sie zusammen einen Wein machen würden, war Sandra und Jorge von Anfang an klar. Ein Wein so groß wie ihre Liebe. Das kleine Weingut in Vale de Mendiz kaufte das Önologenpaar 2001, 2003 die zugehörige kleine Rebfläche. Das nicht sehr große, rustikale Häuschen liegt malerisch auf einem Weinberg und bietet eine herrliche Aussicht. Knapp drei Hektar werden bewirtschaftet, auf

Der Anblick täuscht: Den Pintas gibt es in für einen Wein geringen Mengen von einigen Tausend Flaschen, was an den niedrigen Erträgen, aber auch an der recht kleinen Fläche von drei Hektar liegt. Das ist wenig genug, um Kritiker von einem Garagenwein reden zu lassen. Der Keller ist zwar nicht groß, aber alles andere als eine Garage.

denen 20 oder 30 verschiedene Rebsorten gedeihen, darunter Tinta Roriz, Rufete, Touriga Franca und Touriga Nacional. Die meisten Stöcke sind über 70 Jahre alt. Die nach Süden ausgerichtete Fläche ist in der Kategorie A klassifiziert. Das ist die höchste Qualitätskategorie in der seit 1940 gültigen, mit einem komplizierten Punktesystem ermittelten Klassifizierung für alle Portweinlagen, die von A bis F reicht.

Wine & Soul heißt das gemeinsame Projekt viel sagend. Der Paradewein ist der Pintas, benannt nach dem gefleckten Pointer der beiden. Der in einer Auflage von wenigen Tausend Flaschen produzierte Tropfen entsteht im kleinen Keller, in dem auch noch traditionelle Lagares stehen, die steinernen Becken, in denen die Trauben mit den Füßen gekeltert werden.

Die Stärke des Dourogebietes liegt nach Meinung von Sandra und Jorge nicht nur in den fünf Sorten, die dort allgemein als die bedeutendsten betrachtet werden (*top cinco*): Touriga Nacional, Tinta Roriz, Tinta Barroca, Touriga Franca und Tinto Cão. Es gibt dazu eine Reihe von sehr alten Sorten, die wegen ihrer geringen Erträge von den meisten Winzern nicht besonders geschätzt wer-

Charakteristisch für das Dourogebiet sind die in mühevoller Arbeit angelegten Terrassen. Es herrschen große mikroklimatische Unterschiede zwischen den tieferen und den höheren Lagen. Auf den kargen Schieferböden wachsen die uralten portugiesischen Rebsorten, aus denen Sandra Tavares und Jorge Borges ihre Weine keltern.

## DAS WEINGUT
## IN ZAHLEN

### WINE & SOUL
Avenida Júlio Freitas
Vale de Mendiz
P-5070 Alijó
Tel. +351-936-161408
pintas.douro@mail.telepac.pt

### REBFLÄCHE
3 Hektar

### REBSORTEN
Touriga Nacional, Touriga Franca,
Tinta Roriz, Tinta Barrica,
Tinto Cão, Castelão, Alicante
Bouschet, Tinta da Barca,
Tinta Amarela, Sousão,
Roufete, Viosinho, Rabigato,
Codega do Larinho, Gouveio u. a.

den: Tinta Francisca, Tinta Pinheira, Souzão. Die verleihen den Weinen besonderen Ausdruck und Charakter.

Entscheidend ist für Sandra Tavares da Silva die strenge Selektion, die die beiden Winzer gemeinsam durchführen. Nicht nur die geernteten Trauben werden von Hand selektiert. »Wir ersetzen jeden einzelnen Rebstock, der nicht die gewünschte Qualität produziert«, berichtet Sandra Tavares da Silva. Nach möglichst langer Maischestandzeit (etwa 14 Tage) reifen die Weine in – überwiegend neuen – französischen Barriques, die ihnen den modernen Schliff verleihen, ohne jedoch in den Vordergrund zu treten.

Neben dem roten Pintas, dessen 2003er Jahrgang höchste Meriten in der nationalen und internationalen Weinpresse erntete, gibt es einen Weißwein, Port und neuerdings den Pintas Character, einen Rotwein. Die Weißweinreben tragen Namen wie Viosinho oder Rabigato und stehen auf größerer Höhe.

»Wir wollen das Potenzial der Weine aus dem Douro zeigen, auch der weißen«, erklärt Sandra. Es mag ein weiter Weg sein, bis die Douroregion als Herkunft großartiger Weißweine aus eingeborenen portugiesischen Sorten bekannt ist. Aber Sandra Tavares da Silva hat bewiesen, dass sie weite Wege nicht scheut.

Wine & Soul heißt das gemeinsame Projekt von Sandra Tavares da Silva und Jorge Borges. Es gilt als eines der dynamischen Neugründungen der vergangenen Jahre, denen das Dourogebiet seine Renaissance als Wein- und nicht nur Portherkunft verdankt. Als Weinmacherin ist die Winzerin auch in ihrem elterlichen Weingut in der Estremadura tätig.

### PINTAS CHARACTER DOURO DO

Aus überwiegend Touriga Nacional, Touriga Francesa und Tinta Roriz komponierte, modern gemachte Cuvée mit Waldbeeren- und Veilchenaromen, Barriquenote und sanften, ausgereiften Tanninen, ein Wein mit schmeichelndem, einfühlsamem Charakter. Ungefähr 7.000 Flaschen werden von diesem kleinen Bruder des großen Pintas produziert, dessen Reben im Schnitt 40 Jahre alt sind.

### PINTAS DOURO DO

Das Flaggschiff von Sandra Tavares da Silva und Jorge Borges ist aus über zwei Dutzend verschiedenen Sorten komponiert, die jeweils im optimalen Zustand gelesen und streng selektioniert werden – allein dies ist ein ungewöhnlicher Aufwand. Die entrappten Beeren werden traditionell in Lagares mit den Füßen gekeltert und mazerieren längere Zeit bei niedrigen Temperaturen. Der Ausbau erfolgt in französischen Barriques, größtenteils in Erstbelegung. Der Wein ist tiefgründig, würzig (Zimt) und mächtig, aber nicht schwerfällig, mit dichter Struktur und sattem Abgang. Großes Potenzial. Einer der ganz großen modernen Portugiesen, kleine Auflage (rund 4.000 Flaschen).

### PINTAS GURU BRANCO DOURO DO

Aus uralten Sorten wird dieser im Barrique ausgebaute Weiße gekeltert, der durch Pfirsich- und Zitrusnoten, einem Hauch Birne und fester Barriquestatur überzeugt.

Touriga Nacional, Touriga Franca, Tinta Roriz u. a.

Touriga Nacional, Touriga Franca, Tinta Roriz u. a.

Gouveio, Viosinho Rabigato, Códega do Larinho u.a.

# ELENA WALCH

Elena Walch, Italien

*»Meine persönliche Handschrift ist wichtig«*

Die persönliche Handschrift sei ihr wichtiger als die Tatsache, dass sie eine Frau sei. Das sagt die Südtiroler Vorzeigewinzerin mit der ihr eigenen Mischung aus Bescheidenheit und Zielbewusstheit. Ihren Weg ist sie gegangen, und er war anders als der vieler ihrer Kolleginnen.

Einerseits entspricht Elena Walch dem Bild, das sich mancher von einer Starwinzerin macht. Sie ist eine auffallende Erscheinung. Andererseits: Ihr Werdegang ist nicht der einer Winzertochter, die den elterlichen Betrieb übernimmt und ihre in Südafrika oder Neuseeland erworbenen Erfahrungen einbringt. Elena Walch, in Mailand geboren, ist Architektin (allerdings stammen ihre Eltern aus Südtirol). Eine Städterin also mit einem Studienabschluss in Venedig. In Bozen gründet sie ein Studio und ist als junge Architektin erfolgreich. Dass sie eines Tages Winzerin sein würde, daran hat sie wohl nicht einmal im Traum gedacht. Aber dann trifft sie, 35 Jahre alt, Wilhelm Walch, seines Zeichens Winzer in vierter Generation. Sie heiraten. Elena Walch zieht in das Weingut, und ihren Beruf gibt sie auf.

Architekten aber sind gewohnt, Entwürfe zu machen, Visionen zu haben. Als Winzergattin das Weingut in Schuss halten, Kinder zu versorgen (die beiden Töchter sind im Abstand von zwei Jahren geboren, kurz nachdem Elena Walch ins Weingut kam) und sich um die Vermarktung zu kümmern, das war nicht das, was sie wollte. Dazu sei ihr Naturell zu »sprudelig«, zu »neugierig«. Also wird sie Winzerin, Weinmacherin, »Autodidaktin«, wie sie lächelnd berichtet. Sie überzeugt ihren Mann, ihr einen Weinberg zu überlassen, beim Castel Ringberg. Eine Spitzenlage! Elena Walch macht – schon 1988 – ihre eigene Weinlinie. Ihr Mann leitet das Weingut Wilhelm Walch.

Von Anfang an lässt Elena Walch internationale Rebsorten pflanzen – vor 20 Jahren ein Novum in Südtirol. Und es muss den Nachbarn – Männern! – schon weh getan haben, zu sehen, wie sie die Vernatschstöcke roden ließ. Auch die Umstellung auf die moderne Guyoterziehung anstelle der traditionellen Pergeln musste revolutionär wirken.

Ja, es war anfangs schwer, sich als Frau Respekt zu verschaffen, erinnert sich Elena Walch. Das ging nur mit einer gewissen Härte, mit unbeirrter Zielstrebigkeit. »Winzerinnen müssen sich mehr anstrengen als ihre männlichen Kollegen, um für ihre Weine Anerkennung am Markt zu bekommen.« Eigentlich, sagt Elena Walch heute, war es für sie auch deshalb am Anfang nicht leicht, weil sie als »Eingeheiratete« nicht aus der Region stammte und nicht zum Stamm der alteingesessenen Südtiroler Winzerfamilien gehörte.

Dass heute ausgerechnet ihr Gewürztraminer als Tipp unter Kennern gilt, muss wiederum versöhnen. Und so bezeichnet sie es mit der ihr eigenen Bescheidenheit auch als »Glück«, Teilhaberin eines der renommiertesten Weingüter Südtirols zu einer Zeit geworden zu sein, als dieses Anbaugebiet den Aufbruch in die Moderne gerade begonnen hatte. Dabei hat sie selbst als eine der treibenden Kräfte genug dazu beigetragen.

Mehrere Weingüter mit klangvollen Lagennamen wie Castel Ringberg und Kastelaz gehören Elena Walch. Castel Ringberg bei Kaltern ist ein altes Schloss, 1652 erbaut. Seit 1932 gehört es der Familie Walch. In dem mitten im Weinberg mit Blick auf den Kalterer See liegenden Anwesen ist ein Restaurant untergebracht, in dem der Küchenmeister Stefan Unterkircher und die Konditormeisterin Claudia Pitscheider mediterran-elegant kochen – nicht nur, aber natürlich auch zu Elena Walchs hervorragenden Weinen.

Die gelernte Architektin hat die Architektur der Südtiroler Weine entscheidend verändert. Der Einsatz internationaler Rebsorten – die sich in Südtirol bestens zu Hause fühlen – sowie des Barriques sind zwei wesentliche Beiträge zur Entwicklung der Region. Links: Castel Ringberg bei Kaltern.

Im Weinberg stehen die Rotweinsorten Cabernet, Merlot, Lagrein unten; Weißweinreben wurden in den höheren, kühleren Parzellen gepflanzt. In der modernen, sehr geschmackvoll eingerichteten und eleganten Enoteca erkennt man die Architektin, die jedoch mit ihrer Familie in einem traditionell eingerichteten, aus dem 16. Jahrhundert stammenden großen Gutshaus wohnt.

Auch die Weine von Elena Walch sind Gebäude, Sortenmonumente wie der vom Gambero Rosso ausgezeichnete Gewürztraminer, aber auch der Cabernet oder der Merlot. Neuerdings gesellen sich fast spielerisch die Grand Cuvées in Weiß, Rot und Süß hinzu. Um ihre großartige Weißweincuvée mit dem verheißungsvollen Namen Beyond The Clouds macht Elena Walch gerne ein kleines Geheimnis. »Die besten Weißweintrauben« seien darin, aber mehr verrät die Winzerin nicht. Der Hauptanteil dieses mineralisch frischen, zehn Monate im Barrique gereiften Weißweins besteht aus Chardonnay. Der Titel erinnert an einen Dokumentarfilm von Phil Agland über ein chinesisches Bergdorf (1994). Auch bei einem anderen Wein denkt man spontan an kühle, klare Höhenluft: die wunderbare Cuvée Cashmere aus Gewürztraminer und Sauvignon Blanc. Dieser Passito wird aus vier Monate an der Sonne getrockneten Trauben gekeltert, die wenig Wasser enthalten, so dass der Most außergewöhnlich zuckerreich ist.

Steil ziehen sich die Spaliere der Reben oberhalb des Weinguts in große Höhen. Diese Erziehungsform sowie der Guyotschnitt wurden von Elena Walch in Südtirol eingeführt. Die Weißweinsorten werden möglichst weit oben gepflanzt, damit die Trauben durch die kühleren Nächte ihre Frische und Säure behalten.

Der Natursteinkeller strahlt die Harmonie und Ruhe einer Kathedrale aus. Die Weine reifen bis zu 20 Monate im Eichenholz (alle Riservas werden im Barrique ausgebaut). Elena Walch und ihr Kellermeister Gianfranco Faustin achten darauf, dass die Holznoten immer sehr dezent im Hintergrund bleiben.

## DAS WEINGUT IN ZAHLEN

### ELENA WALCH
Andreas-Hofer-Straße 1
A-39040 Tramin (BZ)
Tel. +39-0471-860172
Fax +39-0471-860781
www.elenawalch.com

### REBFLÄCHE
30 Hektar

### REBSORTEN
Pinot Grigio, Chardonnay, Sauvignon Blanc, Pinot Bianco, Gewürztraminer, Müller-Thurgau, Cabernet Sauvignon, Merlot, Lagrein, Pinot Noir, Petit Verdot, Syrah, Moscato Rosa

Die neue rote Cuvée heißt Kermesse. Erst vor wenigen Jahren konnte Elena Walch beginnen, Syrah zu ernten. Syrah – oder auch etwa Petit Verdot – in Südtirol klingt ungewöhnlich, denn die Sorte gedeiht normalerweise am besten in sehr heißen Regionen wie im Rhônetal oder auch in Australien. Elena Walch hat das Projekt seit Jahren vorbereitet und ist überzeugt, dass man aus Syrah in Südtirol ausgezeichnete Weine produzieren kann. Das Geheimnis? Gutes Terroir, optimale Pflege der Weinberge und strenge Ertragsbeschränkung. So ist ein bemerkenswerter Wein entstanden, von dem nicht nur die Winzerin selbst begeistert ist, wenn sie ihn mit leuchtenden Augen vorstellt.

Der Sortenspiegel ist je zur Hälfte weiß und rot. Neben den internationalen Sorten werden natürlich auch echte Südtiroler angebaut: Gewürztraminer, Lagrein und etwas Moscato Rosa. Die Gesamtproduktion liegt bei 350.000 Flaschen pro Jahr.

Die Autodidaktin hat mittlerweilen zwanzig Jahre Erfahrungen gesammelt. »Das ist ja das Spannende beim Weinmachen, man lernt nie aus!«, erklärt die Winzerin. Und als Perfektionistin setzt sie hinzu: »Genauigkeit und Kompromisslosigkeit in der Arbeitsweise werden noch wichtiger, die Berücksichtigung der Natur mit ihren Veränderungen wird noch mehr in den Vordergrund rücken.« Man darf gespannt sein. Es wird zukünftig noch einige neue Entwürfe geben im Weinschaffen der Elena Walch.

## CASTEL RINGBERG
## LAGREIN RISERVA

*Die Lagreinriserva von Castel Ringberg war dem Gambero Rosso schon drei Gläser wert – sie zählt zu den besten Lagreins der Region. Der 20 Monate im Barrique gereifte Wein ist sehr dicht und geradezu üppig beerenfruchtig, schmeichelnd und würzig, samtig und fest zugleich. Noten von reifen Brombeeren, Waldheidelbeeren und Pflaumensaft, etwas Schokolade und Kakao, aber nicht zu viel. Ein Großer, der die Möglichkeiten der autochthonen Sorte auslotet.*

## CASTEL RINGBERG
## PINOT GRIGIO

*Neben dem Basis-Pinot-Grigio wird unter der Bezeichnung Castel Ringberg auch ein gehobener Vertreter im Range eines Crus vinifiziert. Seine Frische – die Reben stehen in größerer Höhe als die Rotweinreben vom Castel Ringberg – bewahrt er sich trotz allen burgundischen Schmelzes. Im Duft erinnert er an Blüten, gelbe Äpfel und Birnen sowie an einen Hauch Mandeln, auch grüne Kräuter. Solch ein Pinot Grigio ist ein gestandener Speisebegleiter mit Lagerpotenzial, kein Bistro-Terrassenwein! Ausbau im Edelstahl.*

## CHARDONNAY CARDELLINO

*Leicht wie ein Vogel (der das Etikett ziert), elegant und saftig: Frisch und subtil ist dieser Südtiroler Chardonnay, der überwiegend im Stahltank ausgebaut ist. Aromen von exotischen Früchten spielen mit traubig-frischen Nuancen. Ein ausgereifter, ausgewogener Chardonnay, der seine Stärke als Begleiter von Fisch- und Geflügelgerichten ausspielt.*

## KERMESSE
## VINO DA TAVOLA ROSSO

*Rotwein aus Südtirol? Man denkt an Pinot Noir, aber Elena Walch zeigt mit diesem 2003 begonnenen Projekt, dass auch andere Sorten, die man kaum in Südtiroler Höhen erwartet, ausgereifte Ergebnisse bringen. Die Reben stehen auf einer Steillage oberhalb des Weinguts. Der Kermesse ist dicht, samtig und beerig, hat pikanten Biss und Struktur. Die Holznoten (18 Monate Barrique) sind sehr subtil eingefügt. Die Zusammensetzung variiert; Hauptsorten sind Merlot, Petit Verdot, Cabernet Sauvignon, Lagrein und Syrah. Eine international angelegte, vollendete Rotwein-Cuvée, als Vino da Tavola deklariert – in der Toskana würde man in solch einem Fall von einem Supertoskaner reden.*

Lagrein

Pinot Grigio

Chardonnay

Merlot, Petit Verdot, Lagrein, Cabernet Sauvignon, Syrah

# STEFANIE WEEGMÜLLER-SCHERR

## Weingut Weegmüller, Deutschland

### *Bestes von der Mittelhaardt*

**Stefanie Weegmüller-Scherr ist eine waschechte Pfälzerin. Sie ist eine solide Handwerkerin, engagierte Vinissima und Impulsgeberin für den deutschen Wein.**

Es gibt Pfälzerinnen und »Pälzerinne«. Zur zweiten Gattung gehört Stefanie Weegmüller-Scherr: herzhaft, ehrlich, bodenständig, humorvoll und unverblümt, daher auch gelegentlich im Ton deftig. So ungefähr muss man sich Menschen ihres Schlages vorstellen. Eine »Pälzerin« spricht natürlich »Pälzisch«, nimmt die Dinge, wie sie kommen (»Alla hopp!«), sitzt gerne mit anderen beim »Schoppe«, ist großzügig und sorgt dafür, dass alle so richtig zufrieden sind. Was man nicht sieht: Dahinter steckt jede Menge Arbeit, Können und zielstrebige Energie. Stefanie Weegmüller-Scherr und ihr Mann Richard Scherr führen ihren Betrieb im Team – sie ist für den Keller, er für die 15 Hektar Weinberge zuständig –, und sie führen ihn, bei aller Gemütlichkeit, mustergültig.

Das bereits 1685 gegründete Weingut liegt in Haardt, einem Stadtteil von Neustadt, unmittelbar neben dem traditionsreichen Weingut Müller-Catoir. Mit Hans-Günter Schwarz, der über 40 Jahre Müller-Catoirs Weine verantwortete und zu den besten deutschen Weinmachern zählt – viele seiner Schüler sind heute selbst Spitzenerzeuger –, verbindet die Weegmüllers eine langjährige Freundschaft. Immer wieder verkosteten sie gegenseitig ihre Weine, um voneinander zu lernen.

Als eine von drei Töchtern hat sie früh die Rolle des Buben übernommen und damals als einziges Mädchen ihrer Schulklasse eine Ausbildung zur Winzergehilfin gemacht. Den elterlichen Betrieb übernahm sie gleich nach der Ausbildung und ging ihren Weg in der damaligen Männerwelt zielstrebig und mit eigenen Vorstellungen. Weil Frauen auf ihre Leistungen im Wein stolz sein können, ist Stefanie Weegmüller-Scherr im Verein »Vinissima« aktiv, wo sie den zweiten Vorsitz führt. Ihrer Meinung nach könnte es ruhig mehr Frauen in ihrem Beruf geben. Dass zumindest an der Weinbauschule in Neustadt ein Drittel der Nachwuchswinzer weiblich ist, bilanziert sie zufrieden.

Mit pfälzischer Herzlichkeit und blitzsauberen Weinen hat sich Stefanie Weegmüller-Scherr einen Spitzenplatz unter Deutschlands Winzerinnen erobert. Auch als Verkosterin bei Prämierungen und in Prüfkommissionen spricht sie ein gewichtiges Wort mit.

Das steigende Interesse von Frauen am Winzerberuf liegt auch an Vorbildern wie Stefanie Weegmüller-Scherr.

Sie tritt Besuchern gerne im volkstümlichen Trachtenlook entgegen. Sie ist eine Frau, die körperlich hart arbeitet und mit beiden Beinen auf der Erde steht – und außerdem noch Mutter von zwei Kindern ist. Dazu kommen die Mitarbeit in Verkostungskommissionen, darunter die der DLG-Bundesweinprämierung, der sie als erste Frau angehörte, und zahlreiche Präsentationen auf Messen und bei Veranstaltungen aller Art. Bei der Vermarktung hilft ihr ihre Schwester Gaby. Wie das allerdings alles zu bewältigen ist, lässt sich ebenfalls nur mit dem spezifisch »Pälzischen« ihres Charakters erklären. Alla hopp!

Auch ihre Weine sind »pälzisch« im besten Sinne des Wortes. Deftige Rieslinge, aber auch verführerisch aromatische Scheureben mit knackigem Säurebiss, klare Grauburgunder, feine Sekte – Weegmüllers Keller hat Bestes aus Spitzenlagen der Mittelhaardt zu bieten. Der Herrenletten und die Eselshaut, das Schlössel und der Bürgergarten, das sind alles liebe »Kinder« der Winzerin, die bei ihr in den sprichwörtlich »guten Händen« sind. Mit 4,2 Hektar ist der Bürgergarten-Anteil der größte. Die Dominanz des Rieslings ist typisch für die Weingüter der Mittelhaardt, und die Weegmüllerschen Rieslinge gehören zu den besten Vertretern.

Ihre besondere Liebe gilt der Scheurebe. Das ist eine sehr aromatische, an Johannisbeeren und tropische Früchte erinnernde Bukettsorte, 1916 von Georg Scheu gekreuzt aus Silvaner und Riesling. Man muss Stefanie Weegmüller-Scherrs »trockene Scheu« probiert haben, um zu begreifen, warum manche Kenner diese Sorte für die deutsche Antwort auf die internationale Modesorte Sauvignon Blanc halten. Auch als edelsüße Auslese gewinnt die Weegmüller-Scheurebe regelmäßig Preise und ist schnell ausverkauft. Preise heimst das Gut sowieso immer wieder ein.

Niedrige Erträge und naturnahe Bewirtschaftung gehören zu Weegmüllers Qualitätsphilosophie. Für den Ausbau werden Edelstahltanks und große Holzfässer verwendet. In den Flaschen mit der hellblauen Kapsel und dem Familienwappen steckt zuweilen auch ein Roter. Die Cuvée Maximilian ist nach dem Sohn benannt.

## DAS WEINGUT IN ZAHLEN

### WEINGUT WEEGMÜLLER

Mandelring 23
Ortsteil Haardt
D-67433 Neustadt/Weinstraße
Tel. +49-6321-83772
Fax +49-6321-480772
www.weegmueller-weine.de

### REBFLÄCHE

15 Hektar

### REBSORTEN

Riesling, Scheurebe, Grauburgunder, Weißburgunder, Gewürztraminer, Kerner, Rieslaner, Bacchus, Müller-Thurgau, Silvaner, Dornfelder, Spätburgunder, Merlot, Portugieser, Heroldrebe

## BÜRGERGARTEN
## GEWÜRZTRAMINER ALTE REBEN
## TROCKEN

Die Lage Bürgergarten liegt in unmittelbarer Nähe des Weinguts am Hang. Sie ist etwa 20,9 Hektar groß, von denen 4,23 Hektar Weegmüller-Scherrs gehören, der größte Lagenbesitz des Weinguts. Auf sandigen Lehmböden mit Bundsandsteinanteil stehen die alten Gewürztraminerstöcke, aus denen die mächtige, intensive (pfälzische!), zugleich geschmeidig-saftige Spätlese gekeltert wird. Ein Wein mit dem typischen Traminerduft nach Rosenblüten und exotischen Früchten sowie mit Potenzial. Wahrscheinlich stammt der Name nicht von den Bürgern, sondern von der Lage am »Berg«.

## HAARDTER HERRENLETTEN
## RIESLING KABINETT
## TROCKEN

Der Herrenletten schließt sich nördlich an den Bürgergarten an und gilt als die beste Haardter Lage. Stefanie Weegmüller-Scherr und Richard Scherr bewirtschaften knapp zweieinhalb Hektar dieser Hanglage, deren sand- und tonhaltige Lehmböden mit Mergelanteil einen kraftvollen, typischen Pfälzer Riesling hervorbringen. Auch als Kabinett bringt er viel Mineralität, frische Grapefruitnoten und Pfirscharomen an den Gaumen, überzeugt mit knackiger Säure und vollem Mundgefühl. Klarer Aufbau, erfrischende Länge.

## SCHEUREBE QBA
## TROCKEN

Man kann leicht dem duftigen Charme dieses Weines verfallen, dessen Aromen an Johannisbeeren, Grapefruit, exotische Früchte und frisch aufgeschnittene Äpfel erinnert, ohne überladen »bukettreich« zu wirken. Herrlich frisch und saftig bei mineralischer, filigraner Art, verführt die Weegmüller'sche »Scheu« schnell zum nächsten Schluck, zum nächsten Glas. Damit ist sie ein animierender Wein für entspannende, genussvolle Momente, die in der Pfalz ja ohne viel Aufhebens entstehen können und zum Alltag gehören. Auch als Begleiter zu Käse macht dieser Wein eine perfekte Figur.

## CUVEE FLEUR

Diese ungewöhnliche Cuvée, deren Etikett das typische Weegmüller-Blau widerspiegelt, deutet schon im Namen auf ihren blumigen Charakter hin. Der Name ist aber von Großmutter Flora, genannt Fleur, abgeleitet, die 2007 ihren hundertsten Geburtstag gefeiert hätte. Riesling, Gewürztraminer und Silvaner treten hier in einer Weise zusammen, wie sie einst im Mischsatz üblich war, als nämlich die Rebsorten in ein und demselben Weingarten wuchsen und zusammen geerntet wurden. Die Cuvée Fleur ist ein aromatisch-saftiges, sehr elegantes Vergnügen.

Gewürztraminer

Riesling

Scheurebe

Riesling, Gewürztraminer, Silvaner

# WEITERE HERAUSRAGENDE WEINMACHERINNEN

## IN DEUTSCHLAND

**ANNA-BARBARA ACHAM**

**JULIA BENZINGER**

**THERESA BREUER**

**CAROLINE DIEL**

*Besonders bei den Rieslingweinen wird großer Wert darauf gelegt, die Sortentypizität und den Lagencharakter herauszuarbeiten.*

Weingut Acham-Magin
Weinstraße 67
D-67147 Forst
Tel. +49-6326-315
Fax +49-6326-6232
www.acham-magin.de

**TERROIR**
Buntsandsteinverwitterungsböden sowie sandige Ton- und Lehmböden

**REBFLÄCHE**
9,5 Hektar

**REBSORTEN**
Riesling

**PRODUKTION**
85.000 Flaschen

**DIE BESTEN WEINE**
Forster Ungeheuer Riesling,
Forster Pechstein Riesling,
Forster Kirchenstück Riesling

*Der Spaß am Wein und dessen Vielseitigkeit stehen im Vordergrund.*

Weingut Benzinger
im Leiningerhof
Weinstraße Nord 24
D-67281 Kirchheim
Tel. +49-6359-1339
Fax +49-6359-2327
www.weingut-benzinger.de

**TERROIR**
Lösslehm-, Kalkmergel- und Kalksteinverwitterungsböden

**REBFLÄCHE**
13 Hektar

**REBSORTEN**
Riesling, Weißburgunder, Grauburgunder

**PRODUKTION**
100.000 Flaschen

**DIE BESTEN WEINE**
Steinacker Riesling,
Schlossberg Riesling,
J! Riesling

*Fruchtaromen, Balance und Körper sind wichtiger als vorgeschriebene Mostgewichte, die innere Dichte bedeutender als die Erntemenge.*

Weingut Georg Breuer
Grabenstraße 8
D-65385 Rüdesheim
Tel. +49-6722-1027
Fax +49-6722-4531
www.georg-breuer.com

**TERROIR**
Überwiegend Schieferböden

**REBFLÄCHE**
32 Hektar

**REBSORTEN**
Riesling, Spätburgunder

**PRODUKTION**
200.000 Flaschen

**DIE BESTEN WEINE**
Berg Schlossberg,
Terra Montosa

*Spitzenlagen und der qualitätsorientierte Ausbau im Weinkeller sorgen für charaktervolle Weine.*

Schlossgut Diel
D-55452 Burg Layen
Tel. +49-6721-96950
Fax +49-6721-45047
www.schlossgut-diel.com

**TERROIR**
Schiefer-, Kieselstein- und Quarzitböden

**REBFLÄCHE**
18 Hektar

**REBSORTEN**
Riesling, Pinot Noir, Grauburgunder

**PRODUKTION**
150.000 Flaschen

**DIE BESTEN WEINE**
Große Gewächse aus den Lagen Dorsheimer Pittermännchen, Goldloch und Burgberg

# WEITERE HERAUSRAGENDE WEINMACHERINNEN

## IN DEUTSCHLAND

### ANDREA FLAMMERSBERGER

*Weinbereitung heißt: Innovation und Tradition sinnvoll verbinden.*

Weingut Römmert
Erlachhof 1
D-97332 Volkach
Tel. +49-9381-2366
Fax +49-9381-4185
www.weingut-roemmert.de

**TERROIR**
Muschelkalk

**REBFLÄCHE**
12 Hektar

**REBSORTEN**
Silvaner, Kerner, Chardonnay,
Scheurebe, Riesling,
Spätburgunder, Schwarzriesling,
Acalon u.a.

**PRODUKTION**
100.000 Flaschen

**DIE BESTEN WEINE**
Riesling, Weißer Burgunder,
Chardonnay, Silvaner,
Spätburgunder

### EVA FRICKE

*Qualität kann nur im Wein-berg entstehen, dieser Grundsatz ist die Basis der Arbeit.*

Weingut Josef Leitz
Theodor-Heuss-Straße 5
D-65385 Rüdesheim
Tel. +49-6722-48711
Fax +49-6722-47658
www.leitz-wein.de

**TERROIR**
Schiefer- und Quarzitböden

**REBFLÄCHE**
29 Hektar

**REBSORTEN**
Riesling

**PRODUKTION**
220.000 Flaschen

**DIE BESTEN WEINE**
Rüdesheimer Berg Schlossberg,
Rüdesheimer Berg Rottland,
Rüdeshimer Berg Roseneck

### SABINE HABENICHT

*Das geschmackliche Ziel ist der harmonische Bogen von der aro-matischen Nase über ein verspieltes Mittelstück zum lang anhaltenden Abgang.*

Weingut Mathern
Winzerstraße 7
D-55585 Niederhausen
Tel. +49-6758-6714
Fax +49-06758-8109
www.weingutmathern.de

**TERROIR**
Böden aus vulkanischem
Verwitterungsgestein und Böden
mit hohem Schieferanteil

**REBFLÄCHE**
8 Hektar

**REBSORTEN**
Riesling, Dornfelder

**PRODUKTION**
65.000 Flaschen

**DIE BESTEN WEINE**
Niederhäuser Rosenberg,
Norheimer Kirschheck,
Norheimer Dellchen

### REGINA MENGER-KRUG

*Nur mit Respekt vor der Natur und durch Förderung der Biodiversität können große Weine wachsen.*

Weingut Motzenbäcker
Weinstraße 1
67152 Ruppertsberg
Tel. +49-6326-7733
Fax +49-6326-4179
www.villa-im-paradies.de

**TERROIR**
Buntsandstein/Keuper

**REBFLÄCHE**
20 Hektar

**REBSORTEN**
Riesling, Weißburgunder,
Chardonnay, Sauvignon Blanc,
Spätburgunder,
Cabernet Sauvignon

**PRODUKTION**
150.000 Flaschen

**DIE BESTEN WEINE**
... dem Himmel so nah,
Flug des Falken,
Tor zum Paradies,
Flame of Fire

# WEITERE HERAUSRAGENDE WEINMACHERINNEN

## IN DEUTSCHLAND

## IN FRANKREICH

### TINA PFAFFMANN

*»Qualität kommt von quälen: Wir quälen nicht die Trauben, sondern uns selbst mit der Handarbeit.«*

Weingut Rolf und Tina Pfaffmann
Am Stahlbühl
D-76833 Frankweiler
Tel. +49-6345-1364
Fax +49-6345-5202
www.wein-pfaffmann.de

**TERROIR**
Sandige Lehm- und lehmige
Kalkböden

**REBFLÄCHE**
15,5 Hektar

**REBSORTEN**
Riesling, Weißer Burgunder,
Grauer Burgunder

**PRODUKTION**
120.000 Flaschen

**DIE BESTEN WEINE**
T Cuvée, Steingut Riesling

### ANJA STRITZINGER

*Weinbau im Einklang mit der Natur in traditionellen Terrassensteillagen.*

Bio-Weinbau Anja Stritzinger
Bergwerkstraße 19
D-63911 Klingenberg
Tel. +49-9372-922954
Fax +49-9372-922512
www.weinbau-stritzinger.de

**TERROIR**
Terrassen aus rotem Buntsandstein

**REBFLÄCHE**
1,5 Hektar

**REBSORTEN**
Riesling, Spätburgunder,
Portugieser, Gewürztraminer,
Regent, Johanniter

**PRODUKTION**
10.000 Flaschen

**DIE BESTEN WEINE**
Riesling, Spätburgunder
und Gewürztraminer vom
Klingenberger Schlossberg

### CÉCILE BERNHARD-REIBEL

*Vom Wachstum des Rebstocks bis zur Reife des Weins im Fass wird hier mit äußerster Rücksicht auf Rebe, Traube und Umwelt gearbeitet.*

Domaine Bernhard & Reibel
20, rue de Lorraine
F-67730 Châtenois
Tel. +33-388-820421
Fax +33-388-825965
www.domaine-bernhard-reibel.fr

**TERROIR**
Granithaltige Böden

**REBFLÄCHE**
19 Hektar

**REBSORTEN**
Riesling, Pinot Gris,
Pinot Blanc, Pinot Noir

**PRODUKTION**
120.000 Flaschen

**DIE BESTEN WEINE**
Serie Alsace Prestige

### FABIENNE CAPELLO

*Das Motto: Im Rhythmus der Rebe leben, um von ihr auf natürliche Weise das Bestmögliche zu erhalten.*

Domaine de Belle Mare
CD 18
F-34140 Mèze
Tel. +33-4-67431768
Fax +33-4-67431468

**TERROIR**
Sand- und Kalksteinböden

**REBFLÄCHE**
45 Hektar

**REBSORTEN**
Syrah, Viognier,
Muscat à petits grains

**PRODUKTION**
350.000 Flaschen

**DIE BESTEN WEINE**
Die Serie Le Délice des Anges
sowie Le Rivage rouge

# WEITERE HERAUSRAGENDE WEINMACHERINNEN

## IN FRANKREICH

## IN ITALIEN

### ISABEL FERRANDO

### STÉPHANIE FUMOSO

### BÉRÉNICE LURTON

### RAFFAELLA BOLOGNA

»Meine Weine sollen von Wind, Sonne, Lavendel und Sommer in der Provence erzählen.«

Domaine Saint Prefert und Domaine Isabel Ferrando Quartier des Serres F-84230 Châteauneuf-du-Pape Tel. +33-4-90837503 Fax +33-4-90332623 www.st-prefert.fr

**TERROIR**
Stein- und Kiesböden

**REBFLÄCHE**
16 Hektar

**REBSORTEN**
Grenache, Mourvèdre, Clairette, Roussane

**PRODUKTION**
25.000 Flaschen

**DIE BESTEN WEINE**
Saint Prefert blanc, Réserve Auguste Favier, Collection Charles Giraud, Colombis

»Für die Winzerinnen von Gour de Chaulé haben der Geist des Terroirs und die Typizität der Appellation allen Moden widerstanden.«

SCEA Beaumet-Bonfils Domaine du Gour de Chaulé Quartier Saine Anne F-84190 Gigondas Tel. +33-3-90658562 Fax +33-4-90658240 www.gourdechaule.com

**TERROIR**
Kalkhaltige Lehmböden

**REBFLÄCHE**
11 Hektar

**REBSORTEN**
Grenache, Syrah

**PRODUKTION**
25.000 Flaschen

**DIE BESTEN WEINE**
Cuvée Tradition

Sorgfältigste Arbeit im Weinberg ist die Grundlage dieser langlebigen Weine.

Château Climens F-33720 Barsac Tel. +33-5-56271533 Fax +33-5-56272104 www.chateau-climens.fr

**TERROIR**
Sandige Lehmböden

**REBFLÄCHE**
30 Hektar

**REBSORTEN**
Semillon

**PRODUKTION**
40.000 Flaschen

**DIE BESTEN WEINE**
Château Climens, Cyprès de Climens

Hier vertraut man auf das gewaltige Potenzial der Barberatraube und macht daraus ganz große Weine.

Braida di Giacomo Bologna Via Roma 94 I-14030 Rocchetta Tanaro (AT) Tel. +39-0141-644113 Fax +39-0141-644584 www.braida.it

**TERROIR**
Sand-, Lehm- und Mergelböden

**REBFLÄCHE**
48 Hektar

**REBSORTEN**
Barbera, Grignolino, Moscato

**PRODUKTION**
500.000 Flaschen

**DIE BESTEN WEINE**
Ai Suma Barbera d'Asti DOC, Bricco dell' Uccellone Barbera d'Asti DOC, Bricco della Bigotta Barbera d'Asti DOC

# WEITERE HERAUSRAGENDE WEINMACHERINNEN

## IN ITALIEN

**ROBERTA BORGHESE**

**MARIA BORIO**

**MICHELA CARLOTTO**

**ELISABETTA GEPPETTI**

*Vorzügliche Lagen und strikte Ertragsreduzierung sind das Geheimnis des Erfolgs.*

Azienda Agricola
Ronchi di Manzano
Via Orsaria 42
I-33044 Manzano (UD)
Tel. +39-0432-740718
Fax +39-0432-754378
www.ronchidimanzano.com

**TERROIR**
Mineralreiche Mergel- und
Sandsteinböden

**REBFLÄCHE**
65 Hektar

**REBSORTEN**
Pinot Grigio, Tocai, Merlot,
Cabernet Sauvignon

**PRODUKTION**
350.000 Flaschen

**DIE BESTEN WEINE**
Merlot Ronc di Subule,
Brauros, Ellegri

*Geschmack und Mut haben manchmal herausfordernde, jedoch immer zurückhaltende und elegante Flaschen und Etiketten kreiert.*

Cascina Castlèt
Strada Castelletto 6
I-14055 Costigliole d'Asti (AT)
Tel. +39-0141-966651
Fax +39-0141-961492
www.cascinacastlet.it

**TERROIR**
Lehmige und kalkhaltige Böden

**REBFLÄCHE**
20 Hektar

**REBSORTEN**
Barbera, Moscato, Uvalino

**PRODUKTION**
180.000 Flaschen

**DIE BESTEN WEINE**
Passum Barbera d'Asti Superiore,
Litina Barbera d'Asti Superiore,
Barbera d'Asti DOC

*Eine leidenschaftliche Jung-winzerin, die sich konsequent der Herausforderung der launi-schen Rebe Pinot Noir stellt.*

Ferruccio Carlotto
Via Clauser 19
I-39040 Ora (BZ)
Tel. +39-0471-810407
Fax +39-0471-810407

**TERROIR**
Kalkhaltige Lehm- sowie
Sandböden

**REBFLÄCHE**
3 Hektar

**REBSORTEN**
Pinot Noir, Lagrein

**PRODUKTION**
14.000 Flaschen

**DIE BESTEN WEINE**
Filari di Mazzòn,
Nero di Montecorno

*Wein machen bedeutet, die Wein-berge mit Respekt zu kultivieren und mit Liebe zu pflegen.*

Fattoria Le Pupille
Piagge del Maiano 92/A
Loc. Istia d'Ombrone
I-58100 Grosseto
Tel. +39-0564-409517
Fax +39-0564-409519
www.fattorialepupille.it

**TERROIR**
Verschiedene steinreiche Böden

**REBFLÄCHE**
70 Hektar

**REBSORTEN**
Sangiovese, Alicante,
Malvasia Nera

**PRODUKTION**
450.000 Flaschen

**DIE BESTEN WEINE**
Saffredi, Poggio Valente

# WEITERE HERAUSRAGENDE WEINMACHERINNEN

## IN ITALIEN

### MARIA GINI

*Wein ist eine synergetische Verbindung zwischen Kultur und Kultivation.*

Montecariano di Gini-Galtarossa
s.s. Agricola
Via Valena 3
I-37029 San Pietro in Cariano (VR)
Tel. +39-045-6838335
Fax +39-045-6834812
www.montecariano.it

**TERROIR**
Kalkhaltige Lehmböden

**REBFLÄCHE**
21 Hektar

**REBSORTEN**
Corvina, Rondinella,
Cabernet Sauvignon

**PRODUKTION**
20.000 Flaschen

**DIE BESTEN WEINE**
Valpolicella Classico Superiore,
Amarone Classico,
Recioto Classico Amandorlato

### CHIARA LUNGAROTTI
### TERESA SEVERINI

*Die Verbindung von Tradition und Technologie sowie Achtung der Umwelt sind Voraussetzung für gute Weine.*

Cantine Giorgio Lungarotti Srl
Via Mario Angeloni 16
I-06089 Torgiano (PG)
Tel. +39-075-988661
Fax +39-075-9886650
www.lungarotti.it

**TERROIR**
Mittelschwere lehmige Böden

**REBFLÄCHE**
310 Hektar

**REBSORTEN**
Trebbiano, Sangiovese

**PRODUKTION**
2,5 Millionen Flaschen

**DIE BESTEN WEINE**
Torre di Giano,
Rubesco Vigna Monticchio

### SABINA PLOZNER

*»Die Füße auf der Erde, der Kopf im Himmel« ist nicht nur der Slogan für eine neue Reihe von Weinen.*

Azienda Agricola Plozner
Via delle Prese 19
I-33097 Barbeano di
Spilimbergo (PN)
Tel. +39-0427-2902
Fax +39-0427-50509
www.plozner.it

**TERROIR**
Kies- und geröllhaltiges
Schwemmland

**REBFLÄCHE**
60 Hektar

**REBSORTEN**
Pinot Grigio, Tocai, Refosco,
Merlot

**PRODUKTION**
500.000 Flaschen

**DIE BESTEN WEINE**
Moscabianca, Ter, Bastiano

### MARIA ELISABETTA
### VALLANIA

*Der Verzicht auf jeglichen Ausbau im Holzfass bringt die großartige Frucht dieser Weine hervor.*

Società Agricola Vigneto
delle Terre Rosse
Via Predosa 83
I-40069 Zola Predosa (BO)
Tel. +39-051-755845/759649
Fax +39-051-16187210
www.terrerosse.com

**TERROIR**
Kalk- und eisenhaltige Lehmböden

**REBFLÄCHE**
20 Hektar

**REBSORTEN**
Cabernet Sauvignon, Chardonnay

**PRODUKTION**
80.000 Flaschen

**DIE BESTEN WEINE**
Chardonnay Giovanni Vallania,
Il rosso di Enrico Vallania

# WEITERE HERAUSRAGENDE WEINMACHERINNEN

## IN ITALIEN

## IN ÖSTERREICH

### GINEVRA VENEROSI PESCIOLINI

*Eleganz, Harmonie und Tiefe sind die Ziele, die man durch biologischen Anbau verfolgt.*

Tenuta di Ghizzano
Via della Chiesa 19, Loc. Ghizzano
I-56030 Peccioli (PI)
Tel. +39-0587-63+96
Fax +39-0587-630162
www.tenutadighizzano.com

**TERROIR**
Muschelkalk

**REBFLÄCHE**
18 Hektar

**REBSORTEN**
Sangiovese, Merlot,
Cabernet Sauvignon

**PRODUKTION**
70.000 Flaschen

**DIE BESTEN WEINE**
Veneroso, Nambrot,
Vinsanto San Germano

### INGUN WALCH

*Ziel ist es, rebsortenreine Weine mit viel Südtiroler Charakter zu vinifizieren.*

Hofkellerei Walch
J.-v.-Zallinger-Straße 10
I-39040 Tramin (BZ)
Tel. +39-0471-860215
Fax +39-0471-860869
www.hofkellerei.it

**TERROIR**
Überwiegend lehmige Kalkschotter-
böden, auch sandige Porphyrböden

**REBFLÄCHE**
16 Hektar

**REBSORTEN**
Chardonnay, Weißburgunder,
Vernatsch, Lagrein

**PRODUKTION**
140.000 Flaschen

**DIE BESTEN WEINE**
Spezialität ist der Gewürztraminer
rosé Rotkehlchen, einzigartig in
Italien.

### HELMA MÜLLER-GROSSMANN

*Kompromissloses Qualitätsdenken, Tradition bei den Sorten und Respekt vor der Natur stehen an oberster Stelle.*

Weingut Müller-Grossmann
Lindengasse 25
A-3511 Furth-Palt
Tel. +43-2732-83146
Fax +43-2732-83146-4
www.mueller-grossmann.at

**TERROIR**
Löss-und steinige, nährstoffreiche
Böden

**REBFLÄCHE**
9,5 Hektar

**REBSORTEN**
Grüner Veltliner, Riesling,
Frühroter Veltliner

**PRODUKTION**
50.000 Flaschen

**DIE BESTEN WEINE**
Grüner Veltliner Großer Satz,
Riesling Steiner Point,
Frühroter Veltliner

### PETRA UNGER

*Schonende Bearbeitung der Wein-gärten, Ertragsreduktion, Handlese und behutsame Vinifikation sind Prämissen der Arbeit.*

Weingut Petra Unger
Zellergraben 245
A-3511 Furth bei Göttweig
Tel. +43-2732-85895
Fax +43-2732-76801
www.ungerwein.at

**TERROIR**
Löss-, Schotter- und
Urgesteinsböden

**REBFLÄCHE**
11 Hektar

**REBSORTEN**
Grüner Veltliner, Riesling,
Sauvignon Blanc

**PRODUKTION**
60.000 Flaschen

**DIE BESTEN WEINE**
Grüner Veltliner Oberfeld,
Riesling Hinters Kirchl,
Sauvignon Blanc Hintere Point

# WEITERE HERAUSRAGENDE WEINMACHERINNEN

## IN PORTUGAL

## IN DER SCHWEIZ

## IN SPANIEN

### JOANA ROQUE DO VALE

### MADELEINE GAY

### SANDRA AYUSO ARENILLAS

### AMILIA COLOMA

*Das Wesen der Region Alentejo durch Konzentration auf die heimischen Rebsorten zum Ausdruck bringen – das ist das Ziel.*

*Sie bringt ihre Vision des Weinbaus mit den Qualitätsansprüchen des größten Schweizer Produzenten in Einklang.*

*Die Qualität der eigenen Weinberge bürgt für guten Wein.*

*Trotz aller modernen Technik bedarf es des Engagements mit Herz und Seele.*

Roquevale S.A.
Herdade do Monte Branco,
Apartado 87
P-7170-999 Redondo
Tel. +35-1-266989290
Fax +35-1-266989291
www.roquevale.pt

Provins
Rue de l'Industrie 22
CH-1951 Sion
Tel. +41-840-666112
Fax +41-27-3286660
www.provins.ch

Bodegas Fuentenarro
Carrer Constitución 32
E-09311 La Horra
Tel. +34-947-542092
Fax +34-947-542083
www.fuentenarro.com

Bodegas Coloma
Ex-363 Talavera La Real - La Albuera
Km 5.6
E-06170 Alvarado (Badajoz)
Tel. +34-924-44+28
Fax +34-924-440409
www.bodegascoloma.com

**TERROIR**
Schiefer- und Granitböden

**TERROIR**
Überwiegend Kalk-Schiefer, aber auch Granit und Gneisschutt

**TERROIR**
Schwemmland und Kalkböden

**TERROIR**
Durchlässige Steinböden

**REBFLÄCHE**
185 Hektar

**REBFLÄCHE**
1.220 Hektar (Gesamtfläche)

**REBFLÄCHE**
20 Hektar

**REBFLÄCHE**
70 Hektar

**REBSORTEN**
Aragonez (=Tempranillo),
Syrah, Touriga Nacional

**REBSORTEN**
Petite Arvine und Cornalin neben vielen anderen Sorten

**REBSORTEN**
Tinta Fina del Pais

**REBSORTEN**
Garnacha Roja, Merlot,
Cabernet Sauvignon

**PRODUKTION**
2,5 Millionen Flaschen

**PRODUKTION**
400.000 Flaschen unter der Verantwortung von M. Gay

**PRODUKTION**
60.000 Flaschen

**PRODUKTION**
150.000 Flaschen

**DIE BESTEN WEINE**
Roquevale Reserva,
Tinto da Talha Grande Escolha

**DIE BESTEN WEINE**
Die Produktlinien Crus des Domaines und Maître de Chais

**DIE BESTEN WEINE**
Viña Fuentenarro Reserva,
Viña Fuentenarro Vendimia
Seleccionada

**DIE BESTEN WEINE**
Garnacha Roja, Torre Bermeja,
Merlot selección

# WEITERE HERAUSRAGENDE WEINMACHERINNEN

## IN SPANIEN

## IN UNGARN

### BÁRBARA MESQUIDA MORA

*Liebe zur Erde, Leidenschaft für die Arbeit und Fortsetzung einer großen Familientradition sind die Eckpfeiler dieses Weinguts.*

Jaume Mesquida de Mallorca, SA
Carrer Vileta 7
E-07260 Porreres
Tel. +34-971-647106
Fax +34-971-168205
www.jaumemesquida.com

**TERROIR**
Kalkhaltige Lehmböden

**REBFLÄCHE**
23 Hektar

**REBSORTEN**
Callet, Mantonegro,
Cabernet Sauvignon,
Chardonnay

**PRODUKTION**
200.000 Flaschen

**DIE BESTEN WEINE**
Jaume Mesquida Negre,
Cabernet Sauvignon, Bárbara

### ESPERANZA NADAL GALMÉS

*Die perfekte Verbindung von großer Familientradition und profunder technischer Innovation. »Weinmachen heißt die Identität des Terroirs respektieren, das uns diese einzigartigen Reben schenkt.«*

Vins Nadal
Carrer Ramón Llull 2
E-07350 Binissalem
Tel. +34-971-511058
Fax +34-971-870150
www.vinsnadal.com

**TERROIR**
Kalkböden

**REBFLÄCHE**
4 Hektar sowie 18 Hektar
angemietete Anbaufläche

**REBSORTEN**
Mantonegro, Prensal, Merlot,
Cabernet Sauvignon

**PRODUKTION**
100.000 Flaschen

**DIE BESTEN WEINE**
Coupage 110 sowie
die Serie Albaflor

### ARACELI RIBAS

*Hier verbindet man seit langem traditionelle Methoden mit modernster Technik.*

Bodega Ribas
Camí de Muntanya 2
E-07330 Consell
Tel. +34-971-622673
Fax +34-971-622746
www.bodegaribas.com

**TERROIR**
Stein- und Kiesböden

**REBFLÄCHE**
40 Hektar

**REBSORTEN**
Mantonegro, Syrah,
Prensal Blanc

**PRODUKTION**
130.000 Flaschen

**DIE BESTEN WEINE**
Ribas de Cabrera, Sió, Ribas

### MARTA WILLE-BAUMKAUFF

*Eine Pionierin in Tokaji, die seit 2008 vollkommen auf biologischen Anbau umgestellt hat. Die Lagen gehören zu den besten der Region.*

Tokaj Pendits
Béke u. 111
H-3881 Abaújszántó
Tel. +36-47-330567
Fax +36-47-330567
www.pendits.de

**TERROIR**
Vulkanischer Boden,
Lehm und Löss

**REBFLÄCHE**
11 Hektar

**REBSORTEN**
Furmint, Gelber Muskateller

**PRODUKTION**
5.000 Flaschen

**DIE BESTEN WEINE**
Tokaji Cuvée Szellö,
Tokaji Botrytis Selection,
Tokaji Aszú Essencia

## IMPRESSUM

© 2008
AT Verlag, Baden und München
Lektorat: Ria Lottermoser-Fetzer
Umschlaggestaltung und visuelle Konzeption:
www.buero-jorge-schmidt.de
Layout und Satz: Carmen Marchwinski, München
Lithos: Reproline Genceller GmbH, München
Druck und Bindearbeiten: Offizin Andersen Nexö, Leipzig
Printed in Germany

ISBN 978-3-03800-377-9

www.at-verlag.ch

## BILDNACHWEIS

Folgende Bilder wurden von den Weinmacherinnen
zur Verfügung gestellt:
S. 18, 20, 24, 100, 102 li, 126, 128 li, 134, 148,
199–207 (mit Ausnahme 199, 3. Foto, 202, 4. Foto).
Alle übrigen Bilder: Armin Faber.

## DANK

Nachfolgend genannte Personen, Weinfachleute, Weinhändler, Sommelieren, PR-Büros haben mich bei meinen umfangreichen Recherchen unterstützt. Ihnen sei herzlich gedankt. Besonderer Dank gilt dem Deutschen Weininstitut, der Österreichischen Weinmarketingservicegesellschaft und dem ICEP Portugal.

Günther Ambach, Ampeleia, Roccatederighi, Christine Balais, Köln, Frank Beck, Giardino del Vino, Frauenfeld, Axel Beuermann, Wein&Glas Compagnie, Berlin, Markus Buss, Cielo del vino, München, Deutsches Weininstitut, Mainz, www.deutscheweine.de und www.germanwines.de, Ingrid Egger, Meran, Gerhard Elze, Österreichische Weinmarketingserviceges.mbH, Wien, www.weinausoesterreich.at, Dr. Andreas Geier, Weincontor Geier, Wetter, Holger Haase, Garibaldi, München, Christina Hilker, Stuttgart, Bettina Höfer, Albert Reichmuth AG, Zürich, Verena Kopp, Weinhandel Kappus, Bielefeld, Jörg Linke, Linke Weinhandelsges. mbh, Hohenbrunn, Reiner Mehlo, Mehlo Spanische Weine, Kornwestheim, Matthias Meichsner, ICEP Portugal – Handels- und Touristikamt, Berlin, Bettina Meister, meister-plan, Stuttgart, Monica Pucci, Hansmann PR, München, Karin Riegger, Weinkeller Riegger, Birrhard,  Gertrud Schmitz, I.C.E. Italienisches Institut für Außenhandel, Düsseldorf, Simone Tilgert, pst presse + pr, Köln, Ursula Thurner PR, Florenz, Vinissima Frauen und Wein e.V., Vogtsburg-Bischoffingen, www.vinissima-ev.de, Vinivergani, Zürich, Wolf Wilder, Wein & Vinos, Berlin, Ralf Zimmermann, Pinard de Picard GmbH & Co. KG, Saarwellingen.

Zum Schluss danke ich Jorge Schmidt, der als Grafikdesigner kreativ meine Ideen zu diesem Buch umgesetzt hat – und immer daran geglaubt hat, dass diese Buchidee irgendwann Gestalt annehmen wird. Und ich danke Carmen Marchwinski, die unermüdlich und in freundschaftlicher Verbundenheit mit mir Texte und Bilder zu einem Ganzen gefügt hat.

Ria Lottermoser-Fetzer